職場の科学

日本マイクロソフト働き方改革推進チーム×業務改善士が読み解く「成果が上がる働き方」

沢渡あまね 著

文藝春秋

職場の科学

はじめに

今、日本の企業において「働き方格差」が広がってきています。

たとえばリモートワークの格差。新型コロナウィルス感染拡大の問題が起こり、慌ててリモートワークを導入した企業も多いでしょう。

リモートワークをうまく取り入れることができた企業は、新たな働き方のメリット、および従来の働き方の問題点に気づきました。「リモートワークでも問題なくやれる」「むしろ効率がいい」「通勤や出社のための準備のストレスが減る」など。一方、リモートワークを使いこなすことができず、実質的には「単なる自宅待機」になった企業も少なくありません。「社員が家でサボっているのではないか」と疑心暗鬼になり、上司と部下の信頼関係の溝が深まった職場もあると聞きます。

「働き方先進企業」と「旧態依然としたレガシー企業」。

この格差は数年前からあったものの、新型コロナのウィルス問題により、より明確に浮き彫りにされたと言えるでしょう。

みなさんの職場はどうでしょうか。

緊急事態宣言が出ているときには、仕方なく「リモートワークのような働き方」を導入したものの、宣言が解除されるや否やすぐさま「もとの形」に戻した。

あるいは、積極的に新しい働き方の価値を認め、よりフレキシブルな働き方を追求する「働き方先進企業」でしょうか。

この差は、「働き方格差の問題」として社会全体に広がっていきます。

多くの日本企業が「岐路」に立たされている

リモートワークは「働き方格差」の一つの象徴。

そう私が述べたのは、リモートワークをうまく実施するためには、さまざまな制度や価値観、マネジメントの考え方を変えていかなければならないからです。

たとえば、ペーパーレス。

出社せずに仕事を滞りなく進めるためには、ペーパーレスは不可欠ですし、いちいち上司のハンコをもらわなければいけない状況でリモートワークは機能しません。

あるいは、仕事の進捗をどう確認するのか。人事評価はどうするのか。

制度を見直すのはもちろん、「これからの企業に何が必要なのか」「何を大事にするのか」「何が不要なのか」を徹底的に考え直さなければなりません。そのためのＩＴインフラ整備も必要ですし、デジタルツールのリテラシー向上も不可欠です。

ここでは象徴的な要素としてリモートワークを取り上げていますが、それはあくまでも一つの側面に過ぎません。本書のテーマは「働き方全体」におよびます。

企業が本気で「新しい働き方」を導入するのか。

今、その覚悟と徳が試されています。

今の社会の動向を「コロナ禍における一過性の現象」と軽く捉えるのか。あるいは「働き方そのものの転換期」として組織変革につなげるのか。

多くの日本企業がその岐路に立たされています。

緊急事態宣言直前に本社出社率1・7％

本書は「働き方先進企業」の一つとして、主に日本マイクロソフトの取り組みを取り上げながら、職場で起こっている真実を明らかにするとともに、「新しい働き方」について考察していきます。

日本マイクロソフトはコロナ禍で日本政府が緊急事態宣言を出す直前には、品川本社オフィスへの出社率はわずか1・7％。ほぼ完全な形でリモートワークを実現していました。コロナ禍の最中でもほとんど影響を受けずに、事業を継続しました。日本に2400名を超える従業員を擁し、創業から34年が経った大企業にもかかわらず、です。

2020年6月現在、マイクロソフトは時価総額1兆ドル企業として、クラウド事業への投資や多くのイノベーションで注目を集める存在になっています。もちろん、そこに到る道のりは決して平坦ではなく、およそ10年におよぶ「企業存続」をかけた試行錯誤の歴史があり、膨大な量のデータ収集・分析を積み重ねた成果でもあります。

本書のタイトル(『職場の科学』)の由来でもありますが、マイクロソフトは2017年より自社製品の「ワークプレイスアナリティクス」と「マイアナリティクス」によって従業員の働き方を見える化し、そのデータを集積しています。いずれも職場のグループや個人のメール、会議、通話、チャットに関するデータを収集・分析する製品で、ワークプレイスアナリティクスではチームや組織全体の動向を把握でき、マイアナリティクスは利用者本人が「誰とのやり取りが多いか」「どのくらいの時間を何の作業に充てているのか」といったデータを見たり、AIが様々な「気づき」を与えてくれたりする、本人だけが参照できる、働き方を見直すきっかけづくりや進捗確認のためのツールです。

彼ら/彼女たちはこのデータを活用して、どうすればより成果が上がるのか、さらに生産性を向上させられるのか——日々収集と分析を行ってきました。本書で使用されるデータの多くはこの「ワークプレイスアナリティクス」と「マイアナリティクス」によるもので、この本で提供する知見の根幹です。

さらに、本書に記す発見や気づきは、汎用性のあるものです。「外資系企業」「IT企業」に限定されるものではありません。

多くの日本企業に取り入れて欲しいです。

膨大な職場データから導き出された「職場の科学」

「働き方先進企業」は今、多様な働き方を認めることで、場所の制約にとらわれず、社内外を問わずコラボレーションをし、新しい価値を生み、新たな利益体質を生み出そうとしています。

一方、旧態依然としたレガシー企業のやり方では、企業としての競争力が相対的に低下するだけでなく、取引先の開拓や人材の確保、自由な発想を生み出すコラボレーションなど、さまざまな側面において大きく遅れをとります。

「働き方格差」は、単に就業スタイルや雇用制度の話ではなく、人材獲得力格差、ビジネスモデル格差、ひいては国力格差にまでつながる重要なテーマです。

今後、働き方はより変化しますし、労働環境は以前と同様の状態には二度と戻らないでしょう。戻る必要もありません。

本書では、膨大な職場データから導き出された「職場の科学」を28の知見として読者のみなさまに提供します。新しい時代に即した「新しい働き方」のヒントになればと考えています。

本書は、日本マイクロソフト働き方推進チームの方々の多大なるご尽力と、ライターのイイダテツヤさんのご協力がなければ完成に至りませんでした。ここに厚く御礼を申し上げます。

2020年7月　船明ダムのほとりにて
沢渡あまね

職場の科学　もくじ

はじめに

序章 職場データが導く「理想の働き方」

序章

職場データが導く「理想の働き方」

「週勤4日週休3日」の衝撃

２０１９年夏、日本マイクロソフト（以下、マイクロソフト米国本社やマイクロソフトの世界各国の法人で共通の場合は「マイクロソフト」と記載）は「週勤４日週休３日」を実施して、世間の注目を浴びました。

日本マイクロソフトにしてみれば「それは取り組みの一つであって、週休３日だけを過剰に話題にしないで欲しい」とのことでしたが、やはり「週休３日」が世間に与えるインパクトは絶大でしょう。

もちろん、彼ら／彼女たちはただ休みを一日増やしただけではありません。この取り組みは「ワークライフチョイスチャレンジ２０１９夏」の一環で、

- **月あたりの就業日数　25・4％減**（2018年8月比）
- **月あたりの印刷枚数　58・7％減**（2016年8月比）
- **30分会議の実施比率　46％増**（2018年8月比）

● リモート会議実施比率　21％増（２０１９年４～６月比）
● １日あたりのネットワーク数（人材交流）　**10％増**（２０１８年８月比）

などさまざまな成果を得ました。

ペーパーレス化、リモートワークの活用、１時間以上の会議から30分会議への移行、積極的な人材交流などによって労働生産性を上げているのです。

そうした取り組みの一つが「週勤４日週休３日」でした。

もちろん、日本マイクロソフトの取り組みがあらゆる企業にとっての正解ではありません。「勝ちパターン」は業界によっても、企業や部署によっても、個人によっても異なるでしょう。

大事なのは、それぞれの勝ちパターンを見つけ、実践すること。それも「今」の時代や状況に即しているものでなければなりません。

今、多くの業界、企業にとって「勝ちパターン」の過渡期にあることは明らかです。残業時間を減らす、ペーパーレス化、リモートワークを活用するなど、さまざまな取り組みを急速に進めている企業、部署も多いでしょう。

もちろん、そうした「部分の改善」も大切ですが、もっと大きな視点で、時代や状況に即した「自分たちの勝ちパターンとは何か」を考える。これがもっとも重要です。

日本マイクロソフトが行っている取り組みも、今の時代における自分たちの勝ちパターンの発見と実践にほかなりません。

彼ら／彼女たちは、政府が「働き方改革」を掲げる前から「ワークスタイル・イノベーション」を始め、自らの勝ちパターンを模索し続けてきました。

特別な取り組みをしているのではなく、時代が変わり、産業構造が変わり、人の意識が変わり、企業としての事業を変えていく必要に迫られるなか、客観的に勝ちパターンを模索し、トライしてきました。

ここに取り上げるのはその結果であり、プロセスです。

本書では日本マイクロソフトの取り組みを挙げながら、多くの業界、企業、組織でも起こっている共通の「現場の真実」「現場の課題」を明らかにすると共に、「今、本当に必要な取り組み、改革とは何なのか」を考察していきます。

日本マイクロソフトのさまざまな部署、役職、立場の人に取材し、対談してきた内容に加えて、300以上の企業・自治体・官公庁の現場を見てきた私なりの経験を踏まえ、解説します。

「ホワイトカラーの働き方」を徹底的に「見える化」する

日本マイクロソフトの取り組みの本質は、次の3つに集約されます。

- **働き方の見える化**（ホワイトカラーの働き方の見える化）
- **コラボレーションを本気で促す**
- **選択肢と多様性を保証する**

マイクロソフトでは「マイアナリティクス」と「ワークプレイスアナリティクス」という自社システムを使って、いわゆるホワイトワーカーの働き方をデータ化し、見える化しています。

「マイアナリティクス」とは個人の行動、働き方をデータ分析したものであり、「ワークプレイスアナリティクス」(図1)は部門、チーム全体の動きを分析したものです。

たとえば、「この一週間に働いた時間」「何本のメールを出したのか」「メール作成に使った時間」「相手は誰なのか」「そのメールはどのくらい開封されているのか」「どの会議に、何時間参加したのか」「社内での活動時間と社外での活動時間」「その週に交流した人数や相手の属性」「誰にも邪魔されない集中タイムがどれくらいあったのか」などさまざまなデータを取り、分析して個人の働き方を「見える化」しています。

このデータをチームや部門に転換すると、部門として「勤務時間外にどのくらいメールを書いているのか、読んでいるのか」「チームとしての平均会議時間」「会議の参加人数」「上司が参加している会議の比率」「意思決定者が二階層以上参加している会議」「チームのメンバーが、どれくらい他部署の人、他社の人と交流しているのか」など、チームや部署としての特徴を見える化できます。

これが「マイアナリティクス」と「ワークプレイスアナリティクス」です。

図1：ワークプレイスアナリティクスで分析できること

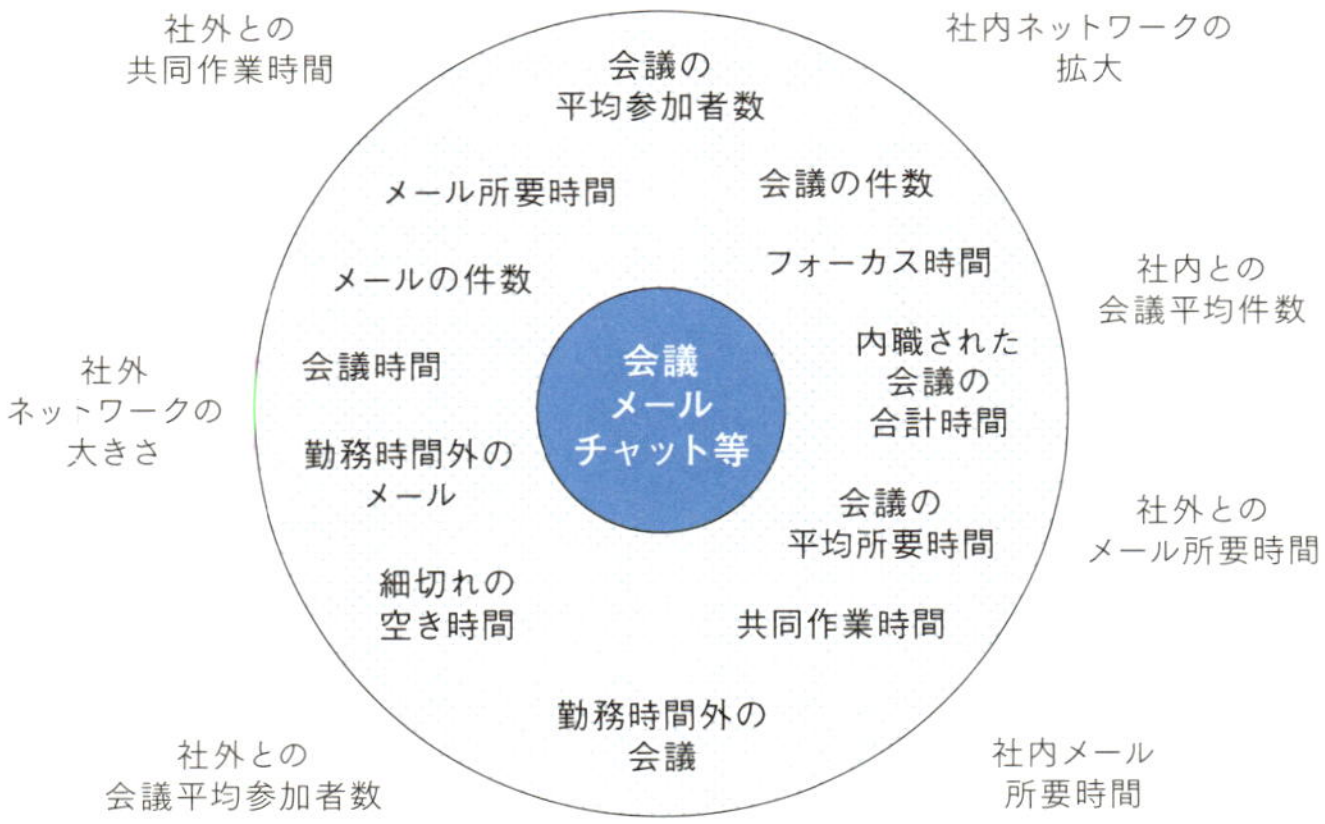

こうしたデータをＡＩが分析し、個人やチームにフィードバックすることで、行動特性や傾向の理解・気づきを促し、改善ポイントの発見を促すことができます。

もちろん、こうしたデータ分析が個人やチームの「仕事ぶりのすべて」を表しているわけではありません。何かしらの「正解」や「善し悪し」を示してもいません。

そもそもホワイトカラーの仕事ぶりを完璧に数値化、見える化するのは難しいものです。パソコンに向かっていても、周囲からは何をしているかわかりませんし、カフェに行ってぼんやりしているように見えても、ものすごくクリエイティブな作業をしている可能性もあります。
また、たとえば「他部署や他社とのコラボレーションの度合い」についてデータ化、見える化されたとしても、部署によって、個人によって「勝ちパターン」は異なります。当然ながら、企画開発部門と、営業部門と、管理部門では「求められるコラボ度」は違います。「データが単純に善し悪しを示していない」とはそのような意味です。

マイクロソフトも同様の考え方で、「マイアナリティクス」にせよ「ワークプレイスアナリティクス」にせよ、データそのものに意味や目的を求めているわけではありません。「自分たちはどんな行動を目指すのか」が大前提にあり、その仮説・検証をするためにデータを活用しているのです。（自分たちの「勝ちパターン」が実践できているかを検証するためのツール）

また、自分たちの「行動パターン」「仕事の傾向」をデータとして客観的に見て、改善ポイントを発見していく。（「勝ちパターン」を発見するためのツール）

そのために「マイアナリティクス」や「ワークプレイスアナリティクス」が機能してい

ます。

データがなければ「議論のテーブル」にのせられない

業務改善を進めていく上で「データ化」「見える化」は必要不可欠です。

たとえば、「営業は外回りをしてナンボ」と考えているベテラン上司がいるとします。

しかし現代において、必ずしも外に出ればいいわけではなく、ＳＮＳなどのツール活用が価値を生むかもしれませんし、オンラインで先方とコミュニケーションした方が、スムーズかつ頻繁なやりとりができる可能性は十分にあります。

ただ、こうした状況を議論のテーブルにのせるのは案外難しい。

「営業は外回りだ」と主張する上司と、「そういう時代じゃありません」と主張する部下の議論は、お互いが感情論をぶつけあうだけで、結局は飲み屋の愚痴レベルで終わってしまう。

「社外での活動時間」「社内での活動時間」「ＳＮＳの使用頻度」「営業先とのオンライン

対話の回数、時間」などさまざまなデータが明示され、営業成績や残業時間、成約までの工数と紐づけられた分析結果が出たらどうでしょう。

この企業の営業パーソンとしての「効果的な仕事ぶり」、すなわち一つの勝ちパターンが見えてきます。

もちろん、すべての営業パーソンが同じ行動をとった方がいいのかは議論の余地が残りますが、少なくとも「仕事ぶり」と「成果」がデータによって見える化されると、議論のテーブルにのせられるのです。

これこそマイクロソフトが行っている「働き方の見える化」です。

「定量」と「定性」の掛け合わせで「職場を科学する」

「働き方の見える化」には、もう一つ大事な視点があります。

それは「定量では評価できない部分」、すなわち「定性評価」の部分です。

マイクロソフトではいくつかのアンケート調査を実施し、社員の意識や感じていることなどを把握しています。たとえば「ＭＳポール」というアンケート調査が年に一度実施されていて、以下のような質問が投げかけられています。

- マイクロソフトで働く上でもっとも楽しめることは何ですか。その理由もお答えください。
- マイクロソフトで働く上で、もっとも楽しめないので変えたいと思うことは何ですか。その理由もお答えください。
- 私の仕事では、自分のスキルや能力を十分活かすことができる。
- 私の直属のマネジャーの能力全般に信頼をおいている。
- 私のマネジャーは、私のキャリア目標を支援するために行動してくれる。
- 仕事と私生活のバランスに満足している。
- 私のワークグループの雰囲気は信頼に満ちたものである。
- 大抵の日は、やる気に満ちて前向きな気持ちで、職場に来ている。
- 私はマイクロソフトで働けることを誇りに思う。

こうしたアンケートにより、社員のモチベーションや会社に対する満足度、帰属意識、上司や仲間に対する印象、仕事内容に対する思い、自身のキャリア形成について感じていることなどを定期的に調査しています。数値化が難しい「定性的な面」においてもデータ化、見える化をしています。

マイクロソフトの取り組みがユニークかつ先進的なのは、こうしたアンケート結果（定性的な部分）と、すでに述べた働き方のデータ（定量的な部分）を掛け合わせて分析している点です。

「上司との面談回数」「残業時間」「大人数（21人以上）の会議の回数」など「定量的な部分」と、「会社に対する満足度」「帰属意識」「モチベーション」「上司への信頼度」などの「定性的な部分」を掛け合わせて分析して、「上司との面談頻度が高い人の方が、帰属意識が高い」「大人数の会議の回数が多いと、モチベーションが下がる」などのさまざまな職場の傾向、働き方の特徴を浮かび上がらせることができるのです。

何度も述べている通り、こうしたデータが「職場のすべて」を表してはいませんし、あらゆる人にぴったり符合するわけでもありません。

しかし、こうしたデータドリブンの「働き方の見える化」によって、真実の一側面が見えてくるのも事実。企業、チーム、部門、個人にとっての「真の勝ちパターン」を見つけ出すにも、その勝ちパターンに即した働き方が実際にできているのかを検証する意味でも、「働き方の見える化」は大きな威力を発揮します。

そして何より、ほとんどの組織において、こうしたエビデンスとファクトがなければ、そもそも「働き方」を改革する議論自体が始まらないのです。

時代が変われば「勝ちパターン」も変わる

2つ目の視点は「コラボレーションを本気で促す」。

これこそ日本マイクロソフトが企業全体として見出した一つの「勝ちパターン」です。

今の世の中においては、むしろあらゆる企業にとって共通の課題ともいえますが、日本マイクロソフトは、自らの事業環境を分析した上でこの結論に到っています。

ここにおもしろいデータがあります。

図2は、日本マイクロソフトでクロージングした商談について、「関わった人数」（縦軸）と「部門の垣根を越えてコラボした割合」（横軸）を示したものです。関わった人数が多くなれば、それだけ「コラボ度」が高くなる。右肩上がりの構造になっていて、一番多いプロジェクトでは１０８人が関わっています。

注目したいはこの先です。

プロットされたマルのなかで青く色づけされているのは、競争要因が厳しかった、利幅が大きいなど「付加価値の高いプロジェクト」です。

この図を作成する前は「付加価値の高いプロジェクトには多くの人が関わっているだろう」すなわち、図の「上方」に分布されると予測していたのですが、結果はむしろ「右側」に寄っています。

付加価値の高い商談は「関わっている人数」より、「部門の垣根を越えたコラボレーション」の方が成功要因として大きくなる傾向があったのです。

図2：付加価値の高いプロジェクトの傾向

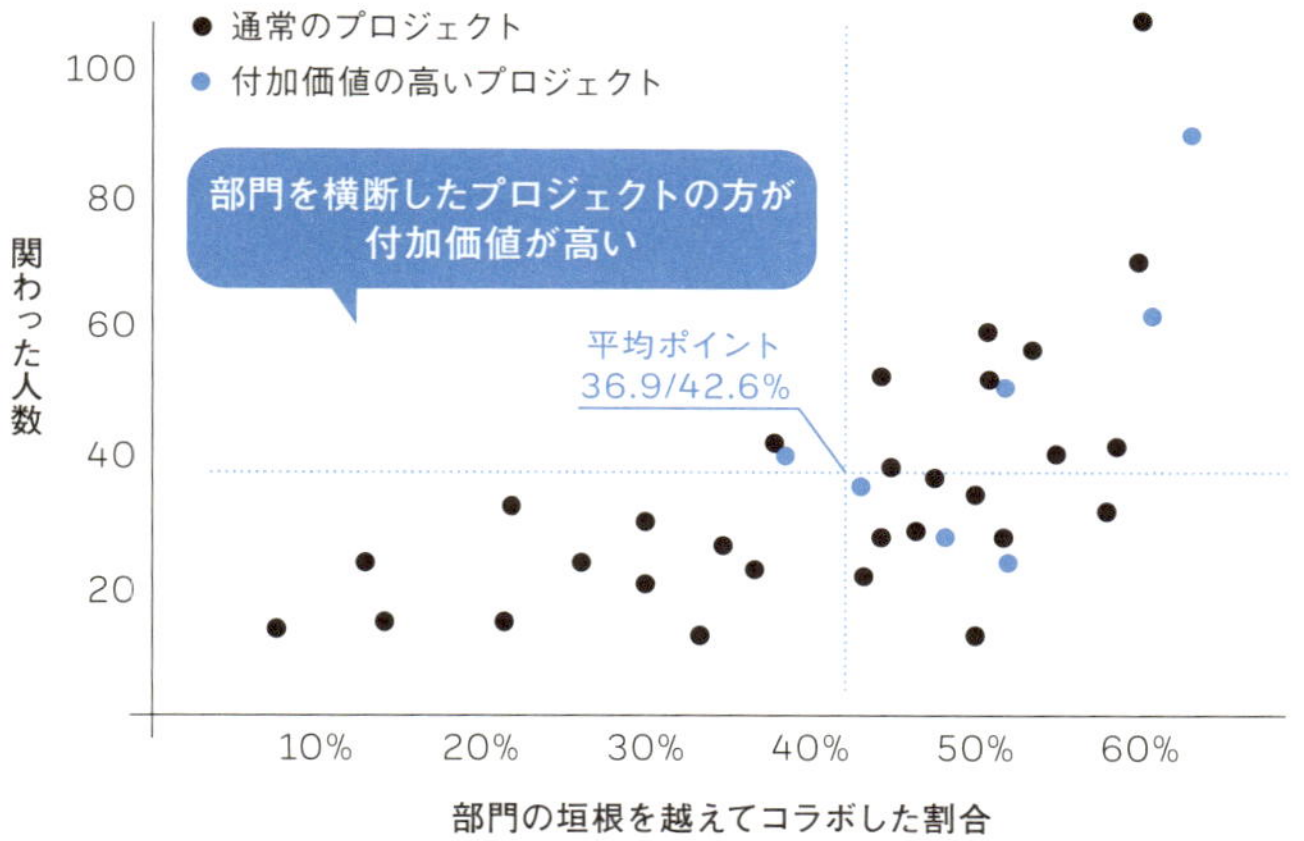

あくまでも一つのデータに過ぎませんが、日本マイクロソフトの事業におけるコラボレーションの重要性を裏付けています。

では、いかにしてコラボレーションを促していくのか。

ここからがきわめて重要です。

これは米国のマイクロソフト本社の話ですが、CEOのサティア・ナデラは「マイクロソフトの組織図」をイメージして描かれた一枚の風刺画を見て、動揺したと言います。その風刺画には従業員たちが、まるでギャングのように銃を向け合い、いがみ合っている姿が描かれていました。

それ自体も衝撃的な絵ですが、サティア・ナデラが何より動揺したのは、当時の社員たちが「その通りだ」と認めたことでした。

風刺画に描かれるように、かつてのマイクロソフトは社員同士がライバル関係で、真のコラボレーションなど望めない状況でした。ただし、それが問題だったかといえば、必ずしもそうではありません。なぜなら、それこそが旧来のビジネス環境におけるマイクロソフトの「勝ちパターン」だったからです。

しかし、環境が変わり、事業も変わった今となっては当然「勝ちパターン」も変わっています。

その変化に対応するべく、サティア・ナデラは本気で「企業カルチャーの変容」に取り組みます。「さまざまな壁を越えた協力と共創。【One Microsoft】を実践する」、すなわち「コラボレーションを促す」と明確な指針を強く打ち出したのです。

企業が変わっていくためには、まずトップが本気になる。その重要性を示しています。

「点ではなく、面で変えていく」が大事

マイクロソフトでは本気でコラボレーションを促していくために、就業規則、労務管理、時間管理、ICT（情報通信技術）のデザイン、職場環境の整備、教育にいたるまで、すべてにおいて最適化していきます。

こうした「点ではなく、面で変えていく」姿勢はきわめて重要です。

新型コロナウイルスの感染拡大下、リモートワーク中のビジネスパーソンが、ハンコを押すために出社しなければならない実態が問題視されました。これこそ「点」の改善をしても、結局「面」になっていない典型例です。部分的に改善しても、周辺部分に制約があれば、効果は限定的になります。

マイクロソフトは「コラボレーションを本気で促す」と決めたなら、徹底して、あらゆる「点」を変え「面」にしていきます。

たとえば、「外資系企業の社員」と聞くと「エッジが効いた一匹狼的な人材」をイメージする人も多いと思います。個人としては大変優秀なタイプです。

しかし、どんなに優秀でも、他者とコラボレーションできない人は、現在のマイクロソフトでは決して評価されません。採用も、評価制度も、マネジメントも、すべてがコラボレーションを重視しているからです。

また、社内で進行中のプロジェクトや開発中のテクノロジーなどは、原則として誰もがアクセスできるようになっています。誰が、どんな知見を持ち、どんなプロジェクトに携わっているのかを把握でき、どんな立場の人であれ、その担当者に直接連絡できるようになっています。

連絡方法についても、メールよりも、よりフランクで、スムーズなビジネスチャットの方がいいのではないか。その後、すぐにオンラインでミーティングができるようなシステムとカルチャーがあった方がいいだろう。

このような具合に、さまざまなルールや環境がすべて「コラボレーションを促す」ように設計され、周知されています。

企業としての勝ちパターンを理解し、それを実践するために、徹底してあらゆる側面を最適化する。これもマイクロソフトの取り組みの特徴です。

社員一人一人があらゆる選択肢を使って毎日を過ごす

最後の視点は「選択肢と多様性を保証する」です。

日本マイクロソフトの取り組みには「こうしなければならない」はありません。あるのは「質の高い仕事をしてください」「効率よく働いてください」「自ら成長してください」というメッセージだけです。現代のビジネス環境を踏まえるなら、「質の高い仕事をするために、どんどんコラボレーションしてください」。

それを社員たちが実践するために、企業は「選択肢を保証する」必要があります。


一口に「コラボレーションする」と言っても、人によってやり方はさまざまです。「勝ちパターン」は個人によって異なります。

頻繁にビジネスチャットでやりとりする人もいれば、フリーアドレスを最大活用して、働く場所を変えながら多部署や社外の人と交流する人もいます。自由な時間管理のなかで、自らの働き方を最適化する人もいますし、社外の活動に重心を置きながら、まったく新しい人とのつながりを構築していく人もいます。

結果として、それが「質の高い仕事」や「自らの成長」につながるのであれば、どんなやり方でも構わない。その人にとってのベストな選択肢を企業は保証する。

これがマイクロソフトの基本的な考え方です。


かつての日本では、全員同じであること、同じ価値観を共有し、同じリズムで、同じ場所で、同じことをやる組織マネジメントを良しとしてきました。

それは、過去の勝ちパターンになりつつあるのかもしれません。

日本マイクロソフトは、選択肢と多様性こそが組織を変え、成功に導くことに気づき、「いかにして選択肢と多様性を保証するか」の方向へ舵を切りました(図3)。

「週勤4日週休3日」についても、多くのメディアが「そういう制度を実施した」と書き立てましたが、彼ら／彼女たちに言わせれば「それは制度の話ではない。選択肢を保証するだけ」なのです。

「週勤4日週休3日」については、一日増えた休みを使って、自己成長につながるさま

図3：働き方の「これまで」と「これから」

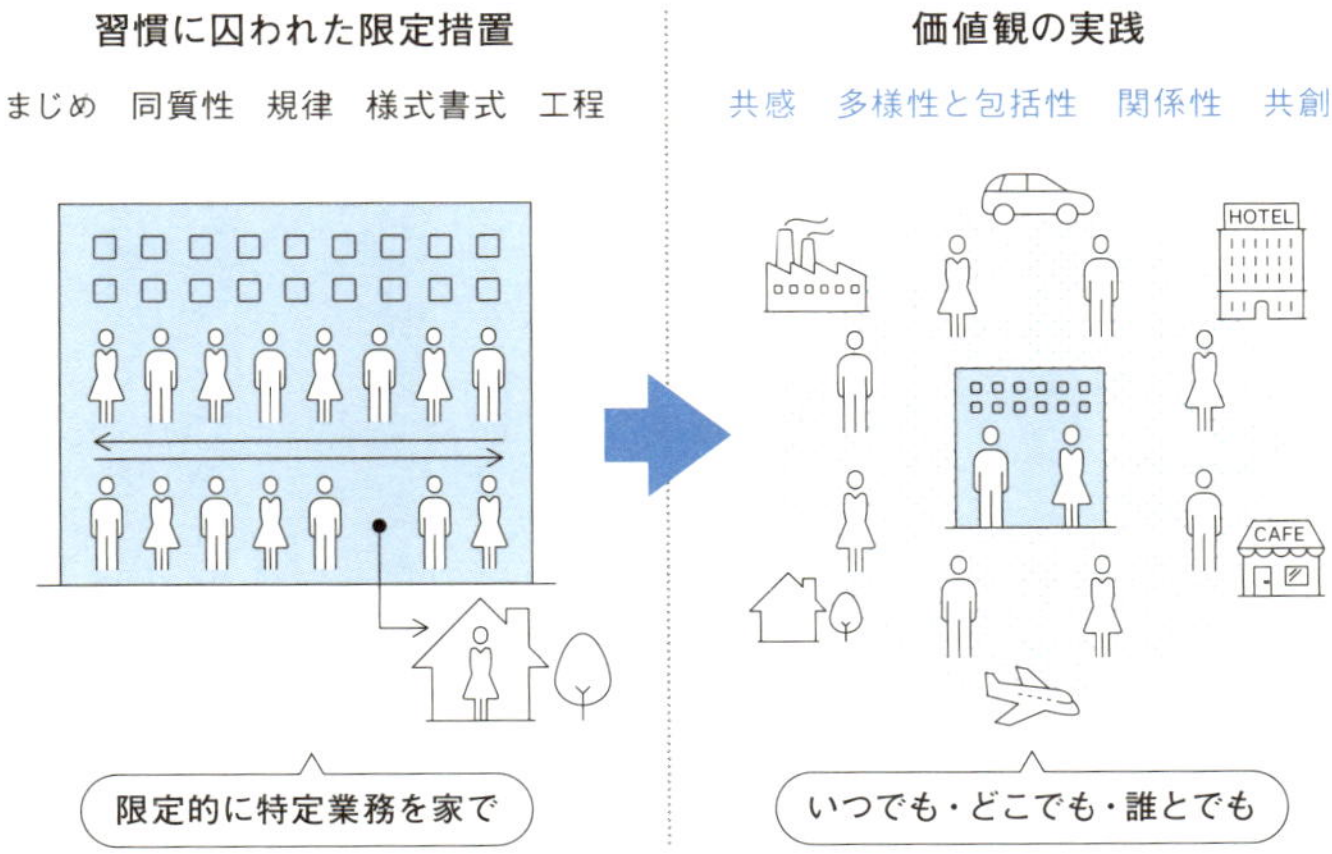

ざまな体験や学びをして欲しいといった思いを組織は持っています。表現を変えるなら、無限にある選択肢を使って、多様性を高めて欲しいというメッセージです。

そのため日本マイクロソフトでは、活動や学びに対する金銭的なサポートプログラムも用意しました。休みを一日増やして、そこでの活動や学びの資金を援助する。旧来の思考に囚われている組織では考えられないかもしれません。しかし、そのように「選択肢と多様性を保証すること」こそが、現代のビジネス環境における自らの勝ちパターンなのです。

一日休みが増えたからといって、一人一人の責任範囲も、コミットメントも、営業目標も下げませんでした。「ワークライフチョイスチャレンジ」とは、そもそもが「短く働いて、より成長することにチャレンジする」ものだからです。

担当者は言い切ります。

「こうしろ、ああしろ」とは一切言いません。私たちはガイドラインを示すのではなく、ただ選択肢と多様性を保証するだけです。

「社員一人一人があらゆる選択肢を使って毎日を過ごす。それこそがもっとも生産効率が上がる」、そのような組織としての成功体験を日本マイクロソフトは持っています。

これからの時代のマネジメント

マイクロソフトの取り組みを踏まえつつ、ここで「これまでのマネジメント」と「これからのマネジメント」の違いについて私の考えを述べます。この違いをおさえておくと、

図4：これからの時代のマネジメント

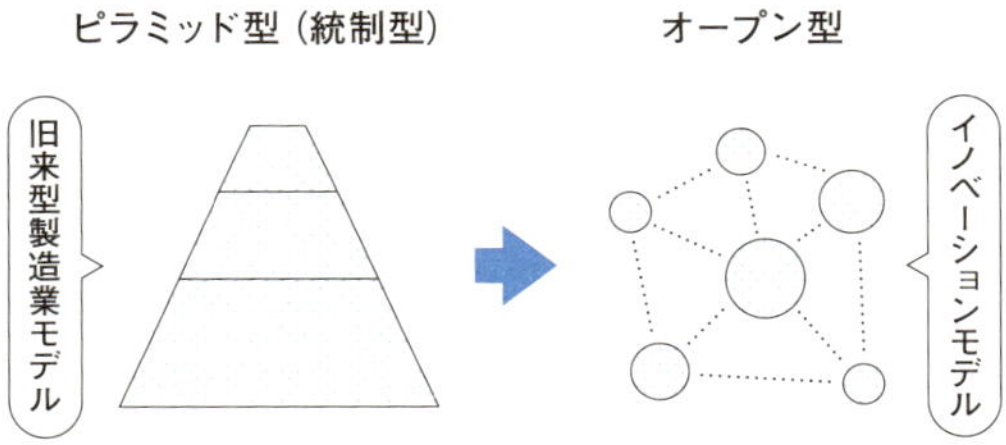

体制・環境	トップダウン型	コラボレーション型
マネジメント	性悪説	性善説
コミュニケーション	報連相（ホウレンソウ）	雑相（ザッソウ）
情報共有	クローズ・逐次共有	オープン
制度・風土	横並び主義	違いを認め合う／活かす
仕事の進め方	ウォーターフォール型	アジャイル型

本文の事例に対する納得感も増すことでしょう（図4）。

「ピラミッド型」から「オープン型」へ

旧来の産業構造は「ピラミッド型（統制型）」でした。これは自動車産業など製造業に最適化されてきたやり方で、トップあるいは企画部門が答えを持っていて、その他の部門は「トップや企画部門が決めたこと」に従って仕事をするスタイルです。

たとえば自動車メーカーであれば、「この車を作るぞ」とトップや企画部門が決めたら、製造部門、品質管理、管理部門、営業、マーケティングなどはその指示に最適化されたプロセスと指揮命令系統で「右向け右」で人が動く。いわゆる二次請け、三次請けと呼ばれるサプライヤーも、自動車企業を頂点とするピラミッド型で働きます。

個人においても、上の言うとおりに働いて、企業の人事異動に従って全国を転勤したり、どんな理不尽な仕事であっても耐え抜きさえすれば、一生安泰に暮らせました。定年後も、年金で、ある程度裕福な暮らしができた。

ピラミッド構造はこれまでの時代における勝ちパターンであり、最適モデルでした。

しかし、それが変わってきています。

2019年12月の経団連の定例記者会見では、中西会長が「日本の産業構造はもはや限界だ」と発言するなど、これまでのように「トップダウンでモノを作っていればいい」構造から脱却する必要に迫られます。

トヨタ自動車がソフトバンクとコラボレーションするために別会社を立ち上げたり、NTTや静岡県裾野市と協業して「スマートシティ事業」を展開するなど、オープンでフラットなつながりによって新たなビジネスが展開される動きが盛んになりつつあります。

「オープンイノベーション」という言葉はまさに象徴的で、オープンなコラボレーションなしにイノベーションは起こらない。それが当たり前になっています。

企業同士はもちろん、社内における体制や環境も「ピラミッド型からオープン型へ」「トップダウン型からコラボレーション型へ」と変化が求められています。

「性悪説」から「性善説」へ

旧来の「ピラミッド型（統制型）」は性悪説のマネジメントとも言えます。規定されたやり方が「答え」であり、そこから逸脱する人は許さない。そのような管理スタイルです。

新型コロナの影響でリモートワークが進みましたが、「サボるかもしれないから、リモートワークに踏み切れない」「どうやって真面目に仕事をさせたらいいか」――そのような議論も交わされています。

まさに性悪説のマネジメント。

一方、「オープン型」「コラボレーション型」では、一人一人に十分な裁量が与えられ、「どこで、どのように仕事をしても構わない」が原則です。極端な話、今日成果が出なくても、一か月後に出ていればそれでいい。

そのようなプロとプロとの信頼関係で成り立っていくのが性善説のマネジメントです。部門や個人の「勝ちパターン」がそれぞれ異なるなかで、最適な仕事をして、生産性を高め、ベストな成果を出すためには、「性善説のマネジメント」も求められるのは必然ではないでしょうか。

「報・連・相」から「雑相（ザッソウ）」へ

従来のマネジメントにおけるコミュニケーションは、「報・連・相（報告・連絡・相談）」を基本としています。

「報・連・相」は一見すると、下から上へのボトムアップコミュニケーションのように見えますが、「報告の内容や仕方」「相談のタイミング」など、上の人が規定しているケースが目立ちます。「もっと事実を踏まえて報告しろ」「体裁を整えた資料を用意してくれ」「今は忙しいから後にしてくれ」などです。

もちろん「報・連・相」が悪いと言いたいのではありません。業務プロセスが完全に決められていて「そのプロセスや手順に従えば答えを出せる仕事」においては合理的なコミュニケーションであるといえるでしょう。それこそ軍隊のような統制型組織においては、きっちりとした「報・連・相」が勝ちパターンに成り得ます。

しかし、オープン型、コラボレーション型の組織においては、「報・連・相」より「雑相」（ザッソウ）のコミュニケーションが威力を発揮します。

「雑相」とは、「全社員リモートワーク」を実施しているＩＴ企業、ソニックガーデンの社長・倉貫義人氏によるコンセプトで、「雑談と相談」および「雑な相談」を意味します。

上司であれ、部下であれ、自由に雑談をして、ときにはその延長で「今、こんなことを考えているんですけど、どう思います?」などの相談に発展していく。

雑談の中で、お互いが「困っていること」「悩み」「考え方」「得意技」などを自己開示し、共有することでオープンな組織、コラボレーションしやすい文化が醸成されていきます。

「雑相」には「雑な相談」の意味もあります。

「報・連・相」における相談には、どこかかしこまった雰囲気が漂いますが、仕事をしていると、もっとフランクに「雑な相談」をしたい場面がけっこうあります。「まだ私の思いつきベースなんですけれど、ちょっとだけ聞いてもらっていいですか」のように。

オープン型、コラボレーション型の組織では、こうした「雑な相談」が大事です。

この先の本文でも「最適なのはメールか、チャットか」とコミュニケーションツールの話を取り上げますが、組織として、個人としてどのようなコミュニケーションを求めているのか。それによって最適なツールも変わってきます。

「報・連・相」から「雑相」へ。ビジネスコミュニケーションにおける転換点の一つです。

情報は「クローズ（逐次共有）」から「オープン」へ

ピラミッド型組織の情報は原則としてクローズ。そして逐次共有です。部門ごとのセキュリティはガチガチで、管理職が「この情報を誰に与えるのか」を都度選別し、その人とだけ共有します。

ピラミッド型組織においては合理的なやり方ですが、オープン型、コラボレーション型にはフィットしません。

今でも「ファイルを共有する場合には、圧縮して、パスワードをかけて、メールで送って……」と、まどろっこしいやり方をしている人も多いでしょう。「いつでも、どこでもアクセスできる環境」を作っておくほうが、はるかにコラボレーションはしやすくなります。

ビジネスチャットであれば、途中から入ってきた人も履歴を遡ることで、それまでのやりとりをキャッチアップでき、「過去に送ったメールやファイルを探して転送する」などの手間も、時間も省くことができます。

クローズにされた情報は、人の出入りを妨げます。

機密保持は大事ですが、可能な限り情報はオープンな方が人の関わりが増え、コラボレーションを促すことができます。コラボレーションが「勝ちパターン」になりやすい現代において、情報共有は重要なカギです。

「横並び主義」から「違いを認め合う（活かす）」へ

統制型（ピラミッド型）の企業における風土や制度は「横並び主義」が基本です。たとえば製造業では、同じ時刻に出社し、みなが9時〜5時で働き、昼休みは僅か45分。同じ場所に集い、同じ環境、同じルールで仕事をする。

これまでは当たり前のように「横並び」でやってきましたが、部署によって「勝ちパターン」は当然異なります。情報システム部門と、営業部門と、デザイン部門と、製造現場がすべて同じルール、同じ環境、同じスタイルに合わせていること自体、非効率を生み出しているかもしれません。

リモートワークの話で言えば、「製造部門が出社しているのに、企画開発部門にリモートワークを認めるのは不公平だ」のような話も聞きます。果たしてそうでしょうか？

部署ごと職種ごとの「勝ちパターン」を尊重せず、「生産性を高めよう」「イノベーションを起こそう」「業界で優位に立とう」などどだい無理な話です。

問題解決の観点から見ても、「自分では解決できない問題」を「他の人が解決できるかもしれない」と考えられるのは、異質を認めているからです。

横並び主義では、結果として同質の集まりを作り、組織としての多様性、問題解決能力を著しく落としかねません。

「ウォーターフォール型」から「アジャイル型」へ

上流から下流へ水が流れていくように、計画された通りに工程が進んでいくモデルを「ウォーターフォール型」と言います。ピラミッド型、トップダウン型のマネジメントでは機能し得るモデルですが、その前提も変わってきています。

「完璧な計画を実行する」進め方より、とにかく素早く判断して、トライアンドエラーを繰り返しながら進めていく。そんな「アジャイル型」の重要性が今、確実に高まっています。

アジャイル型を実現するには、個人の裁量を認める必要があり、当然、性善説のマネジメントが求められます。情報は誰にとってもオープンでなければスピード感を失いますし、みんなで同じことをやるより「異質なトライアンドエラー」を数多くこなす方が組織としての強みとなります。

「マネジメントスタイルの違い」をまとめました。もちろん、すべてがマイクロソフトの考え方と合致するわけではありませんが、図4に示した比較の視点を持つだけで、自組織の現状や課題を把握できますし、改善したい方向も自ずと見えてくるのではないでしょうか。

次節ではいよいよ、日本マイクロソフト働き方改革推進チームとの徹底対談のなかで明らかになった「職場の科学」に迫ります。多角的な視点でのデータからわかった気づきや知見は、あなた個人や属する組織の働き方を変えるための参考になるでしょう。

＊本書には様々なデータが登場しますが、そのすべてが学術的に証明されたものではなく、特定の条件下・環境下において見られた特徴を表しています。参考値としてご覧ください。

本章

データから読み解く「職場の科学」

01 成果を上げる営業ほど「限られた相手」と「密なコミュニケーション」をしている

成果を上げる営業パーソンにはどのような行動特性があるのか。

どのような企業でも知りたいところだと思います。

ワークプレイスアナリティクスから得られた、ひとつの例があります。

図5を見ると、トップパフォーマーは平均的な営業パーソンに比べて「社外の人との共同作業時間」が3・7時間(週)多くなっています。営業ですから、社外の人とのコミュニケーション時間が長いのは容易に想像できるところです。

おもしろいのはここからで、「対応中の案件数」自体はおよそ20案件ほど少なく、「連絡先1件あたりの共同作業時間」は2倍であり、「社外ネットワークのサイズ」も大きい。

図5：営業トップパフォーマーの行動様式

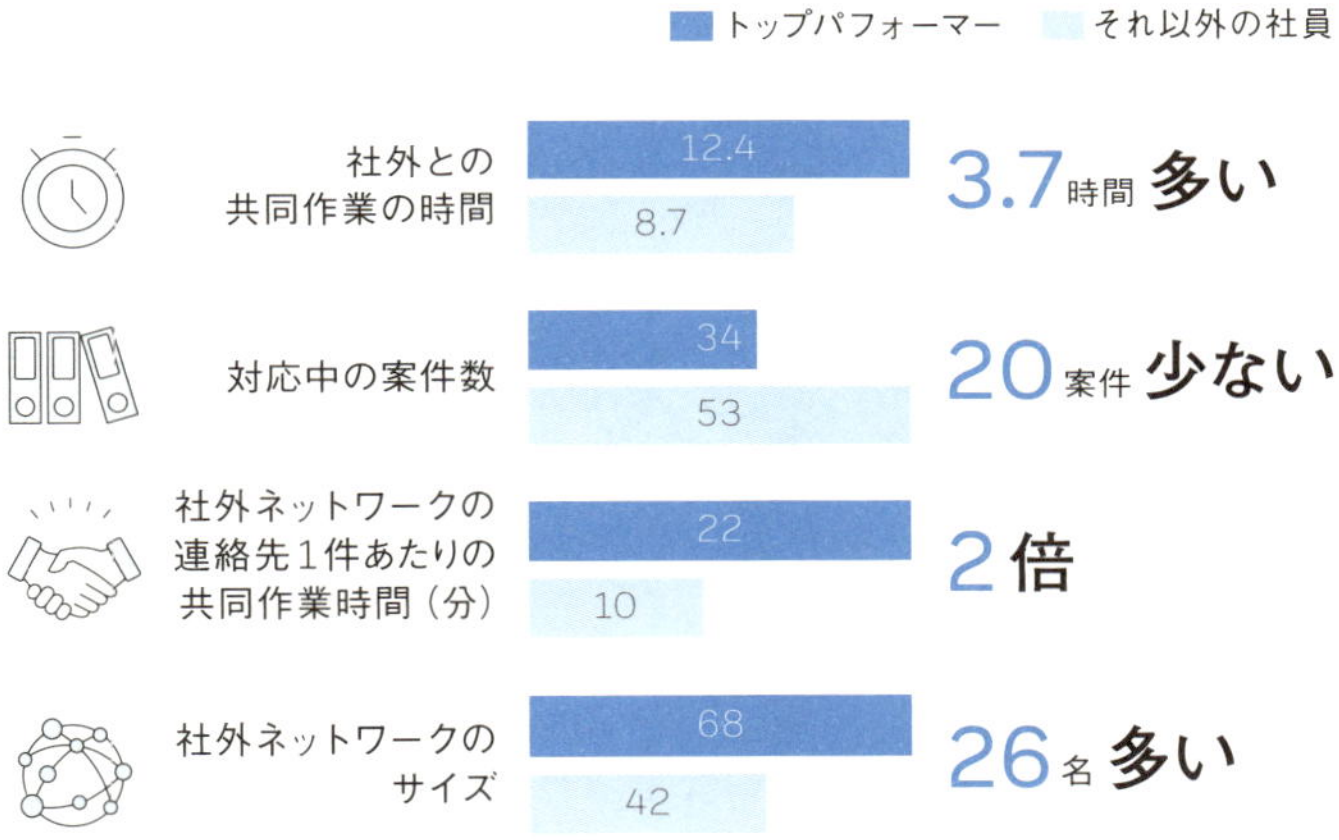

つまり、営業先1つに対して費やす時間が長いと言えそうです。

ある事例では**営業トップパフォーマーは「顧客対応数」が少なく、「1社あたりコンタクト数」が多く、「顧客対応時間」は平均的な営業パーソンに比べて約1・4倍となっています**（図6）。

つまり、ハイパフォーマーは、たしかに社外とのコミュニケーション時間が長いのですが、たくさんの相手と関わっているのではなく、限られた相手と密にコミュニケーションを取っている傾向がわかります。

図6：営業トップパフォーマーの行動様式

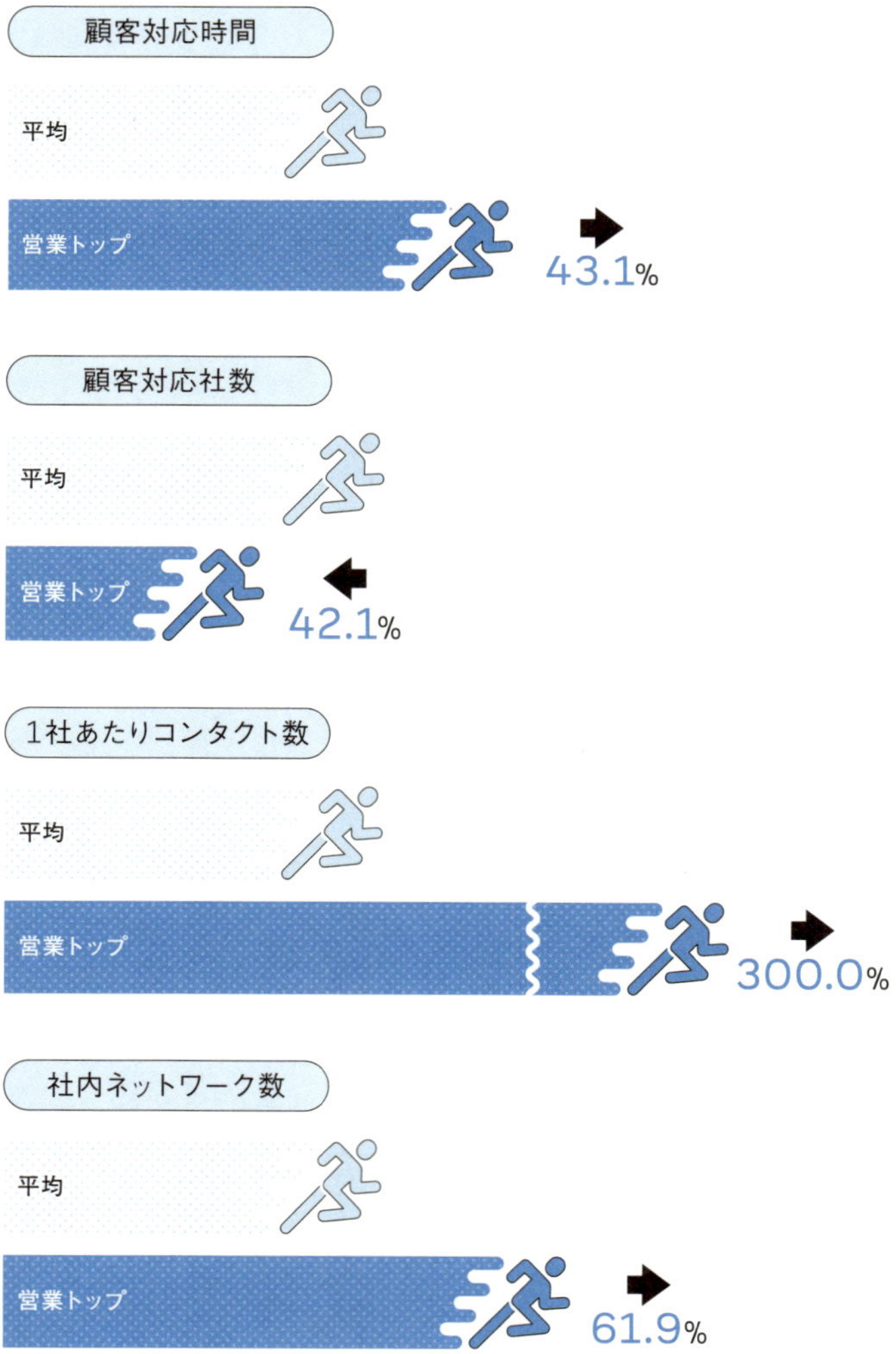

自組織の「勝ちパターン」を客観的に把握する

データから何を読み取り、何を学ぶのか。

こうしたデータは、営業担当者が自らの行動を見直すためのきっかけになり得ます。

ただし、これがすべての企業、すべての人に当てはまるわけではありません。

「1社あたりのコンタクト数」や「1社あたりのコミュニケーション時間の長さ」にKPIを設定して、そこばかりを追いかけていくのは本末転倒です。

「自分の勝ちパターン」がどこにあるのかを見定められるか。その参考ツールとして、こうしたデータが役立つのです。

たとえば、「社外との共同時間」「対応中の案件数」「1社あたりのコンタクト数」「社内ネットワーク数」などさまざまな軸があって、自らのやり方、行動パターンを見直すときに、こうしたデータと比較するとさまざまな傾向が見えてくるでしょう。

トップパフォーマーと、自身の行動パターンに違いがあるなら、そこを改善してみるのも一つの手です。それによって結果、成果がどう変わるのか。そこまで追いかけてみてはいかがでしょうか。

マイクロソフトのアナリティクス担当者も「ここで行っている分析は、ビッグデータではなく、社会全体の共通の傾向を打ち出しているものではない」と明言しています。仮説を設定し、その経過、変化をデータによって追いかけるなかで、個々の勝ちパターンは見えてくるでしょう。

ちなみにマイクロソフトは、そのようなデータ収集と分析を、現場で働く人たちに負荷をかけることなく、自動で行っています。

そしてもちろん、マイクロソフトが組織として提供しているのは「選択肢と多様性」であり、決して「こういう行動に変えてください」とは言いません。

つまり、データや分析はきちんとフィードバックするので、そこから「自分の勝ちパターン」を見つけて、自分で考え、選択して、生産性高く仕事をしてくださいね、という姿勢なのです。

職場の科学

02

「紙」は職場の生産性を下げる

2009年から2019年までの10年間で、日本マイクロソフトでは79%のペーパーレス化を実現しました。外部のお客様向けの資料など、紙を使用せざるを得ないケースを除いて、社内業務はおよそ9割ペーパーレス化が実現されていると言います。お客様向けの資料も、デジタルデータが主流となり、いよいよ「紙不要」の働き方に変わってきています。

新型コロナウィルスの問題もあり、リモートワークの広がりと相まってペーパーレス化は避けて通ることができません。

図7：紙の削減を進めてきた日本マイクロソフト

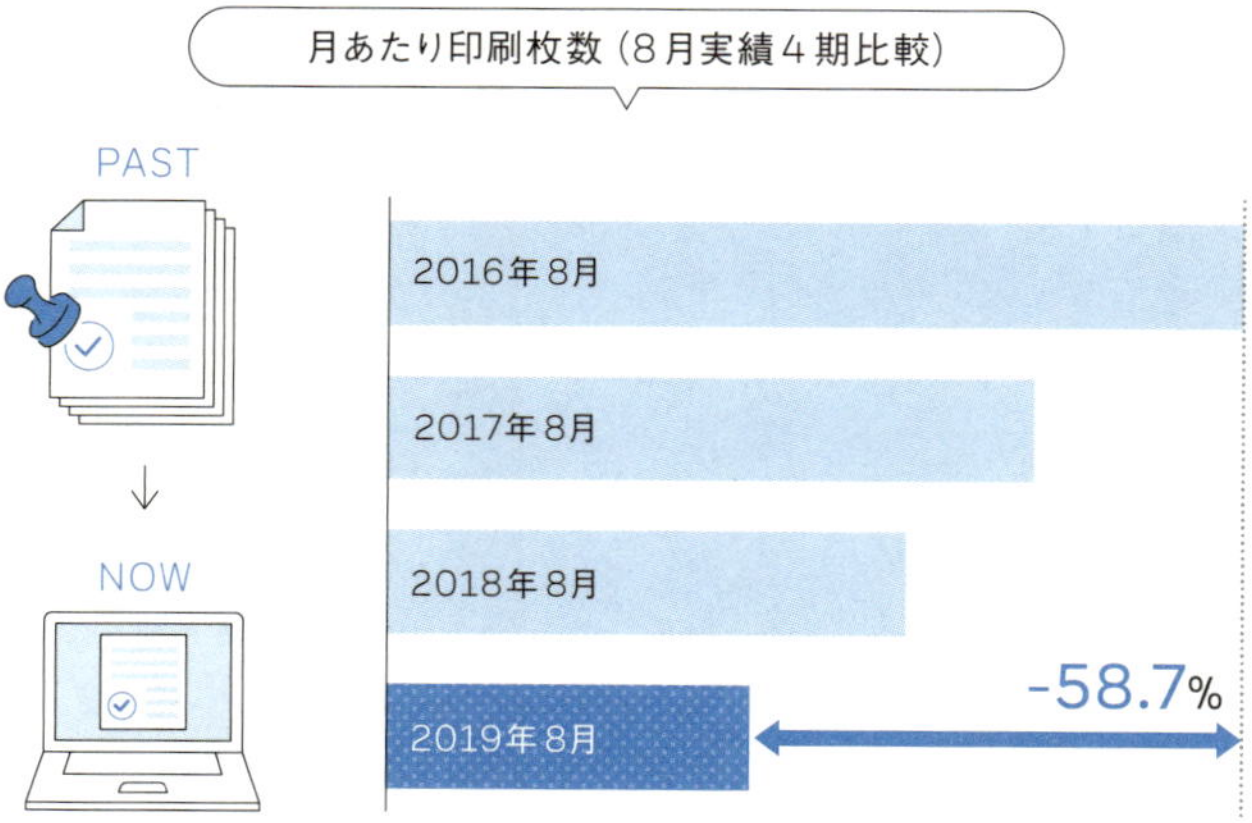

私はよく「紙は空気を読まない」と言っています。たとえば、コロナ禍において、国レベルで人の移動の自粛要請がなされる中、「契約書にハンコを押さなければならないので出社せざるを得ない」働き方が問題視されました。

このように、紙を伴う業務は、世の中の空気を読まずに人を場所に縛り付ける働き方を強要します。

技術的に、かつ法律面でも「デジタルへの移行が可能な業務であっても、未だに紙とハンコにこだわる（あるいはやめようとしない）」企業は少なくありません。

私は今は地方都市に駐在して仕事をしてい

ますが、一部のクライアントからの「書類を郵送します。記入して返送願います」のようなリクエストには苦慮しています。その書類を受け取るために、わざわざ東京の事務所に戻る必要があるからです。電子ファイルのやりとりでご容赦いただくか、駐在先に送付いただくかのいずれかをお願いしています。しかしながら、事前連絡がなくある日突然書類を送ってくる企業も少なからずあり……困ったものです。紙にこだわらなければ、場所の制約を受けずに情報のやり取りができます。

法務、人事、経理などに求められる「本当の役割」とは？

こうした状況を生んでいる背景の一つに、社内コラボレーションの不足や欠如が考えられます。

いわゆる管理部門（たとえば法務部門や人事部門、経理部門）のスタッフと、ビジネス現場（事業部門や取引先）との距離が遠い。ビジネス現場の人たちとコラボレーションをして「何が面倒なのか」「どのような負担を強いているのか」を察知し、改善をすれば、ペーパーレス化はもっと進むでしょう。

ところが、外を知らない管理部門は悪気なく自分たちの「正義」を押し通そうとします。古くからの自分たちのやり方にこだわり、自分たちの中だけで仕事を完結させようとしています。その結果、誰も得をしないガラパゴスな慣習が残存し続けるのです。

話は横道に逸れますが、法務、人事、経理などの管理業務は簡便化され、アウトソースあるいは自動化される時代です。

書類を作成して、プリントアウトして、それを関係各部に送付し、ハンコをもらって、返送してもらって、社内で処理する——このような仕事は確実になくなりつつあります。

そこに存在価値がなくなる時代の流れです。

管理部門に求められるのは、むしろ、いかに簡便化し、現場や社外の関係者に負担をかけず、スムーズにやりとりを完了させるか。その工夫やイノベーションにこそ存在価値を見出した方が、組織として健全です。

法務にしろ、人事にしろ、経理にしろ、事務作業は徹底して効率化し、付加価値業務にシフトしていく。その流れを作れない管理部門は、遅かれ早かれ「いらない子たち」

になるでしょう。

外資系企業は特に顕著で、マイクロソフトでも社内の管理部門は、事務仕事を行う部署ではなく、各専門業務のコンサルティングチームとなっています。

従来の仕事を、従来のやり方のまま遂行することではなく、業務をなくしたり効率化する工夫こそ、管理部門が果たすべき役割ではないでしょうか。

その初歩の初歩として、可能な限りのペーパーレス化が確実に求められます。

「紙の情報」では古すぎる

マイクロソフトでペーパーレスの話を聞いている際に、「情報の鮮度」の話も出てきました。

マイクロソフトでは原則、情報はオープンになっていて、誰でもリアルタイムでアクセスできます。会議やプレゼンの場でも、みんながその場で、最新データにアクセスする環境が当たり前。

もし、これが会議用の資料を作って、前日にプリントアウトして、人数分コピーをして……などしていたら、どうしたって前日までのデータになってしまいます。「それでは情報が古すぎる」とマイクロソフトの担当者は言います。

スピード感のある企業は、「○月○日の○時から会議をやりましょう」のような固定的な会議のみならず、たとえばビジネスチャットで話していた流れで、すぐにリモート会議が立ち上がり、関係者も巻き込む。このような、スピード感のあるコラボレーションを当たり前のように実践しています。

その環境では「会議用の資料を作る」より、今あるデータを、参加者各自がアクセスして参照しながら議論を進める。そのくらいのアクセシビリティとスピード感が求められます。

もはや「紙の資料はやめましょう」のレベルの話ではなく、紙文化ではこれからのコラボレーションを前提としたビジネス環境にまったく対応できないのです。

「クローズドな情報共有システム」が企業のブランド価値を下げる

さらにもう一つ、「情報共有」の観点からペーパーレス化を考えてみましょう。

情報共有には二つの要素があります。「今、この場で共有する」と「時間差で共有する」です。

「今ここにいる人たちだけで、この場で」情報共有するなら、紙資料の配布も悪くはないでしょう。

しかし、「その場にいない人たちに、後で」情報共有をする場合、紙の資料はなかなか面倒です。資料をどこかに保管して、必要な人が来た時に渡す。あるいは探しに来させる。悪気なく資料をなくしたり、忘れたりするリスクもあるでしょう。

デジタル化された情報は、時間差、すなわち非同期の情報検索と共有をしやすくします。

紙文化は「限られた人だけ」の情報共有をしやすくする、クローズドな情報共有スタイルです。クローズドな情報共有はコラボレーションを阻害します。中には「情報が欲しければ、俺のところに来い」のようなマウンティングをする人もいて、働く人たちのモチベーションやエンゲージメントを下げます（エンゲージメントとは、組織に対する帰属意識や愛着、仕事への誇りなどを意味します）。オープンで、コラボレーションのしやすい環境を実現するためにも、ペーパーレス化は避けて通れません。

かつてのタバコ部屋に象徴される、限られた空間での「井戸端型意思決定」や「井戸端型情報共有」が行われているところもまだまだ散見されますが、こうした組織ほどベテランだけが仲間内で結託し、若い層のモチベーションを著しく下げているケースが多いものです。

ペーパーレス化だけの問題ではありませんが、情報がクローズドになりやすい制度や文化は、それだけで働く人のエンゲージメントを下げ、ひいては企業のブランド価値を下げていってしまうのです。

職場の科学

03 部下の数が「5人以下」と「6人以上」で上司の負担は大きく変わる

部下の数が増えれば、上司やマネジャーの負荷は大きくなる。

「部下の人数」と「上司の負荷」の関係を分析した興味深いデータがあります。図8はメールや会議、ミーティングなど、上司がコミュニケーションに使っている時間と、部下の人数の関係性を示したものです。

部下を一人持つと、コミュニケーション時間が7時間（週）アップする傾向がわかります。

しかし、部下が3～5人になってもそれほど時間は増えません。

図8：部下の数と上司の負担

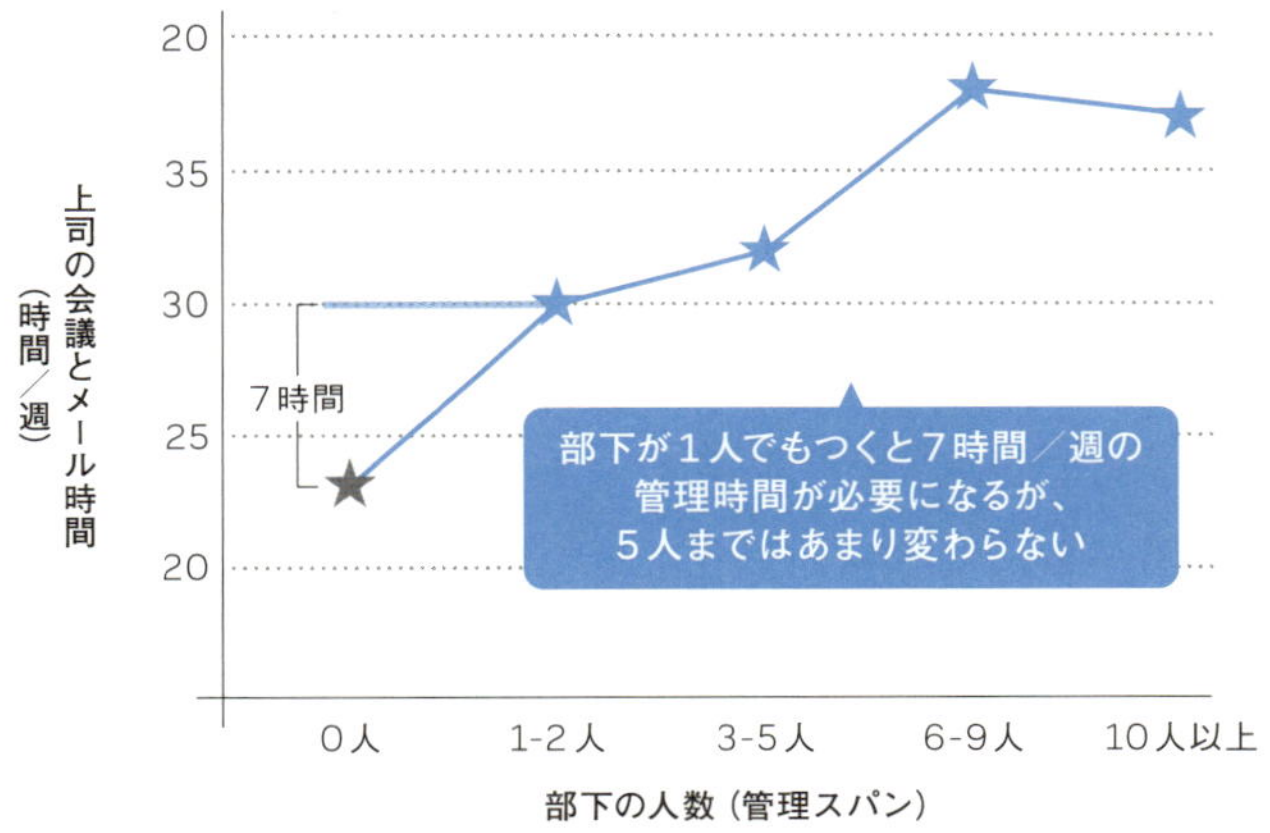

一方で、６人以上になるとまた急激にコミュニケーション時間が増えていきます。

これはあらゆる企業、部門に共通するわけではありません。

ただ、この視点は非常におもしろく、組織改善のヒントにも成り得ます。

マイクロソフトのアナリティクス担当者も言っていたのですが、データの分析による「しきい値」（数値が変わる境界線）の見える化に大きな意味があります。

こちらの例では「部下１～５人までの負荷はあまり変わらない」のですから、効率を考えれば、組織の作り方も当然変わってきます。

リーダーA　→　部下一人
リーダーB　→　部下二人

右これならリーダーBに部下3人をつけ、Aさんは個人プレイヤーとして活躍してもらった方が、トータルのマネジメント工数を減らせるかもしれません。

それぞれの組織、個人には「独自の勝ちパターン」があり、すべてをデータドリブンで変更した方がいいとは言いません。ただし、こうしたデータによって、業務を効率化させたり、起こっている問題を解決するヒントが得られることでしょう。

マネジメントを変えた方がいい人数とは何人なのか？

私も、大企業の部門長や中小企業の社長に次のような同じ質問を投げかけています。

何人を超えたくらいから、今までのマネジメントではうまくいかない、あるいは、組織が同じ方向を向いていかない、と感じるようになりましたか。

もちろん答えはさまざまですが、大企業の部門長がよく口にするのは30人。30人を超えると、従来のやり方では機能しなくなってきて、しくみやしかけを変えたり、サブリーダーを置くなど体制面での工夫を始めると言います。

中小企業の社長のなかには、10名と答える人も、15名と答える人もいるのですが、マイクロソフトの担当者が言うように「しきい値」として目安や判断基準があると迷わずに済むでしょう。

人数が変われば、適切なマネジメントも変わります。

しかし、ややもすると10名を超えても、30名を超えても、従来のままのマネジメントを悪気なく(問題に気づかずに)続けてしまうケースも。

そのせいで、さまざまな問題が起こっています。社長や部門長の思いが伝わり切らなかったり、仕事の優先度が人によってバラバラになってしまったり、放置されすぎてモチベーションを下げ、退職していくケースもあります。そのほか、上司の目が行き届かない状況で軋轢が起こったり、メンタル的な問題が生じ始めるなど、マネジメント不全はさまざまな影響をおよぼします。

組織や業種、集まっている人のメンタリティにもよるので、「この人数になったら変える」というような最適解はありませんが、自分なりの目安は持っておくと良いでしょう。

「戦隊モノ」はなぜいつも5人なのか?

本題からそれますが、「部下5人までなら上司の負荷はそれほど変わらない」について思うところを述べます。

というのも、テレビの戦隊モノ、レンジャーモノの多くは5人です。「5人」は視聴者にとって覚えやすく、キャラクターや特技、強みをお互いが把握しやすい人数です。

これが8人や9人だと「あの人って、どのような人だっけ?」「どのような必殺技を持っているんだっけ?」となりますが、5人だとそれが起こりません。

仕事においても同じように言えます。「お互いの必殺技」を理解したり、強み・弱みを共有したり、役割を明確に切り分けるにあたって、5人程度は最適な人数と言えるのかもしれません。

個々の強み、役割が明確であれば、マネジメントはしやすくなります。効率も上がり、権限移譲や期待値の精度も上がるので、個人としての判断や仕事のスピードも上がります。よりアジャイルなチームになっていくわけです。

マイクロソフトの「5人」との分析結果を聞いたとき、「戦隊モノに学ぶチームマネジメント」のイメージがすぐに湧きました。

もちろん、これが最適解ではありませんが、お互いの理解と必殺技の共有、役割分担の明確化など、さまざまな面において妥当であり、効果の高い人数と言えそうです。

職場の科学

04 部下からの信頼が厚い上司はメールの返信が3時間早い

上司にメールを出したのに、なかなか返事が返ってこない。内容が不満なのか、そもそもメールを見ていないのか、メールを見て内容に満足しているけれども、単純に返信する時間がないのか。

そのような想像をあれこれめぐらせ、モヤモヤしている人も多いと思います。

部下からの信頼の厚い上司は、一般的な上司に比べてメールの返信が平均3時間早い。そのようなデータもあります(図9)。

もちろん最近はメールよりビジネスチャットを使っている組織も増え、レスポンスの

図9：メール返信にかかる時間と部下からの信頼

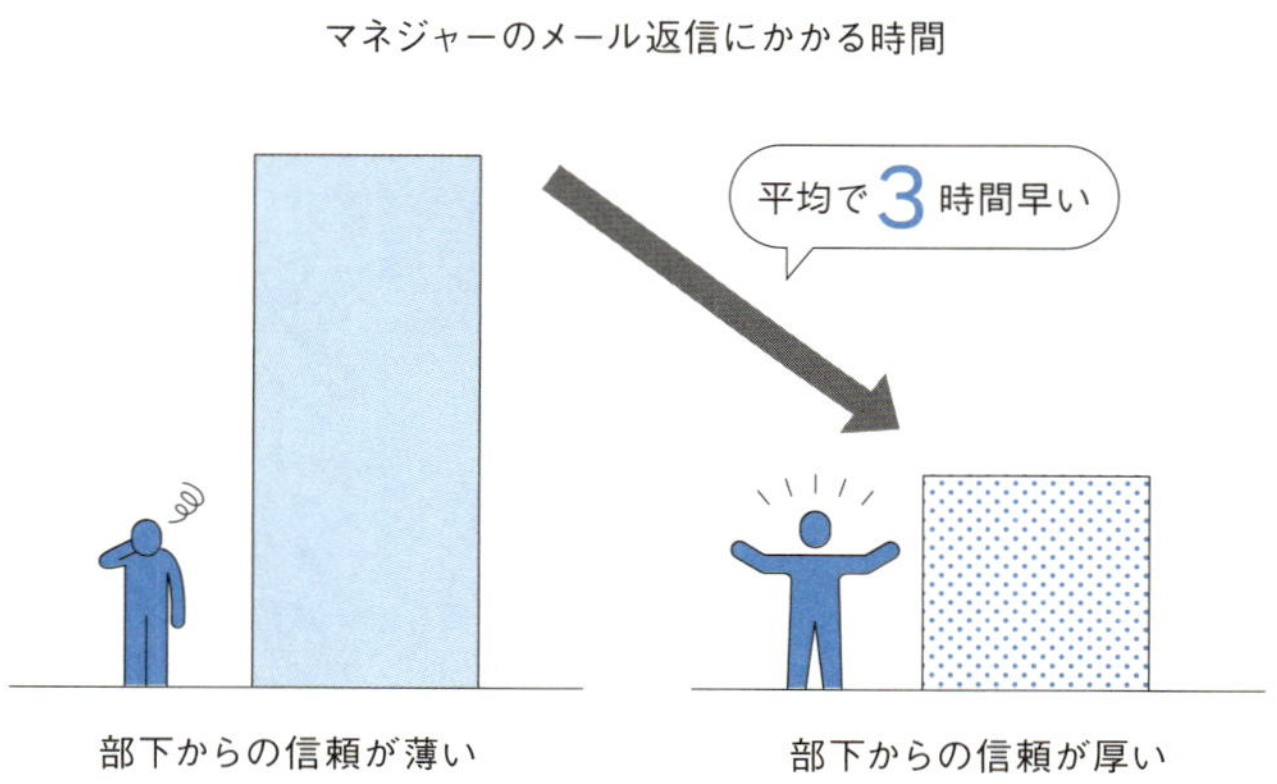

スピードは全体的に速まっているとは思います。

いずれにしても、早く反応してくれる上司はそれだけ部下のストレスを軽減してくれます。

マネジメントで大事なのは「モヤモヤを減らす」

私は、マネジメントで大事なのは「モヤモヤを減らす」ことだと考えています。

上司部下に限った話ではありませんが、たとえば、上司が何を考えているのかわからない。自分の状況を理解してくれているのかわからない。何を大事にしているのか、お互いの得意・不得意もわからない。何に悩んでいるのか、誰に相談したらいいのかもわからない。

このような場面でモヤモヤするケースは案外多いと思います。

もっと具体的なシーンで言えば、上司にハンコをもらいたいのに、上司がどこへ行っているのかわからない。何時に帰ってくるのかわからない。数え上げたらキリがありません。

こうしたモヤモヤは、モチベーションも、エンゲージメントも著しく下げてしまいます。

この項目では「メールの返信時間」を取り上げていますが、本質的なテーマは「モヤモヤ」だと私は捉えます。

モヤモヤを感じていると、当然不安になります。不安は不満につながり、さらに不信へと発展します。「不安・不満・不信」。これを私は「不の三連鎖」と呼んでいます。

これまで多くの組織を見てきて感じるのですが、優秀で、信頼の厚い上司は部下のモヤモヤを減らす手助けをします。少なくとも、モヤモヤを軽減する意識を常に持っています。

一方、自身はどれほど仕事ができても、部下から信頼されていない上司やマネジャーは、あらゆるところで部下にモヤモヤを与えてそのまま放置しています。

たとえば、このような場面はどうでしょう。

上司の発言内容がコロコロ変わってしまう。部下にしてみればモヤモヤを感じるところですが、状況によってはそういう場合もあり得ます。

信頼される上司は「なぜ、変わったのか」をきちんと説明します。必要な情報の共有で、部下のモヤモヤを軽減しているのです。

あなたの上司は、部下にモヤモヤを与える人でしょうか。それとも与えない人でしょうか。

それだけでも「上司の質」が測れそうです。

働く人の主体性を引き出す4つのポイント

モヤモヤは人の主体性を奪います。不安、不満、不信を感じながら、主体的な気持ちをキープし続けるのは難しいでしょう。

では、どうしたらモヤモヤを軽減し、主体的に働けるようになるのでしょうか。

ここでは「情報」「権限」「評価」「環境の自由度」の4つのポイントで考えてみたいと思います。

「うちの社員は主体性がない」「みんな受け身だ」「メンバーにはもっと主体性を持って取り組んで欲しい」などと話す人がいますが、「情報」「権限」「評価」「環境の自由度」は十分に与えられているでしょうか。それをなくして「主体性を発揮する」など無理な話です。

人は「情報を与えられないと主体性が下がる生き物」です。何も知らされず、ただ「この作業をやっておけ」と言われて、主体的かつモチベーション高く働き続けられる人がどれほどいるでしょうか。

情報は守秘義務の問題が発生しない限り、徹底してオープンにした方がいいと思います。

さらに、仕事、プロジェクトが始まる段階で、十分なコミュニケーションを取り、「どこまでを任せるのか」を合意しておきたいもの。

もちろん「どれだけ権限を与えるのか」は、人によって、ケースによってさまざまです。ただし、あまり権限が与えられていないのに、主体性を期待するのは筋違いです。こと細かに上司が口を挟んだり、いちいちマネジャーの確認が必要となれば、モヤモヤする人は多い。

そして、評価も大切です。

評価には「短期」と「長期」があって、短期的には仕事のプロセスをきちんと上司が承認し、フィードバックする。褒めたり、「あなたの見えない仕事や頑張りを見ています」「わかっています」などを伝えるのも大事です。

しかし、それだけで十分と言えるでしょうか？

やはり、最終的には人事評価、金銭面での評価がなされる必要があります。いくら上司に認められても、3年経っても、4年経ってもまったく賃金に反映されなければ、モチベーションも、エンゲージメントも下がってくるのは当然です。

最後の「環境の自由度」においては、フリーアドレス、リモートワーク、時短勤務などさまざまな制度によって働き方が選べるか。その人の勝ちパターンを実現する選択肢が保証されているのか。

一方、「制度あれど機能せず」の職場も少なくありません。上司の気分で、テレワークなどの制度を部下に使わせない。そうした上司の考え方、職場の雰囲気なども含めて、「どれだけ自由度があるか」を見ていく姿勢が必要です。

「情報」「権限」「評価」「環境の自由度」のすべてを完璧に整備するのは難しいかもしれませんが、出来るところから改善しましょう。

部下に直接、優先して改善して欲しい部分を聞いて、そこを一つ改善するだけでも、モヤモヤは解消されます。ちょっとしたモヤモヤの解消が、働く人の主体性、モチベーション、エンゲージメントを改善します。

05

結果を残すのは「個人で力を発揮できる人」ではなく「コラボできる人」

図10は「プロジェクトごとに」「どれだけ人が関わったか」と「他部署とのコラボがどのくらいの割合で行われたのか」を調査したものです。

序章でも取り上げたデータですが、**「青マル」のついた「付加価値の高いプロジェクト」ほど「他部署とのコラボレーション割合」が高い**（図の右側に寄っている）**のです。**

また、一つのプロジェクトにおいて「個人」がどんな属性の人（部署内か、他部署か）と関わっているかのデータも取っています（図11）。

図10：付加価値の高いプロジェクトの傾向（再掲）

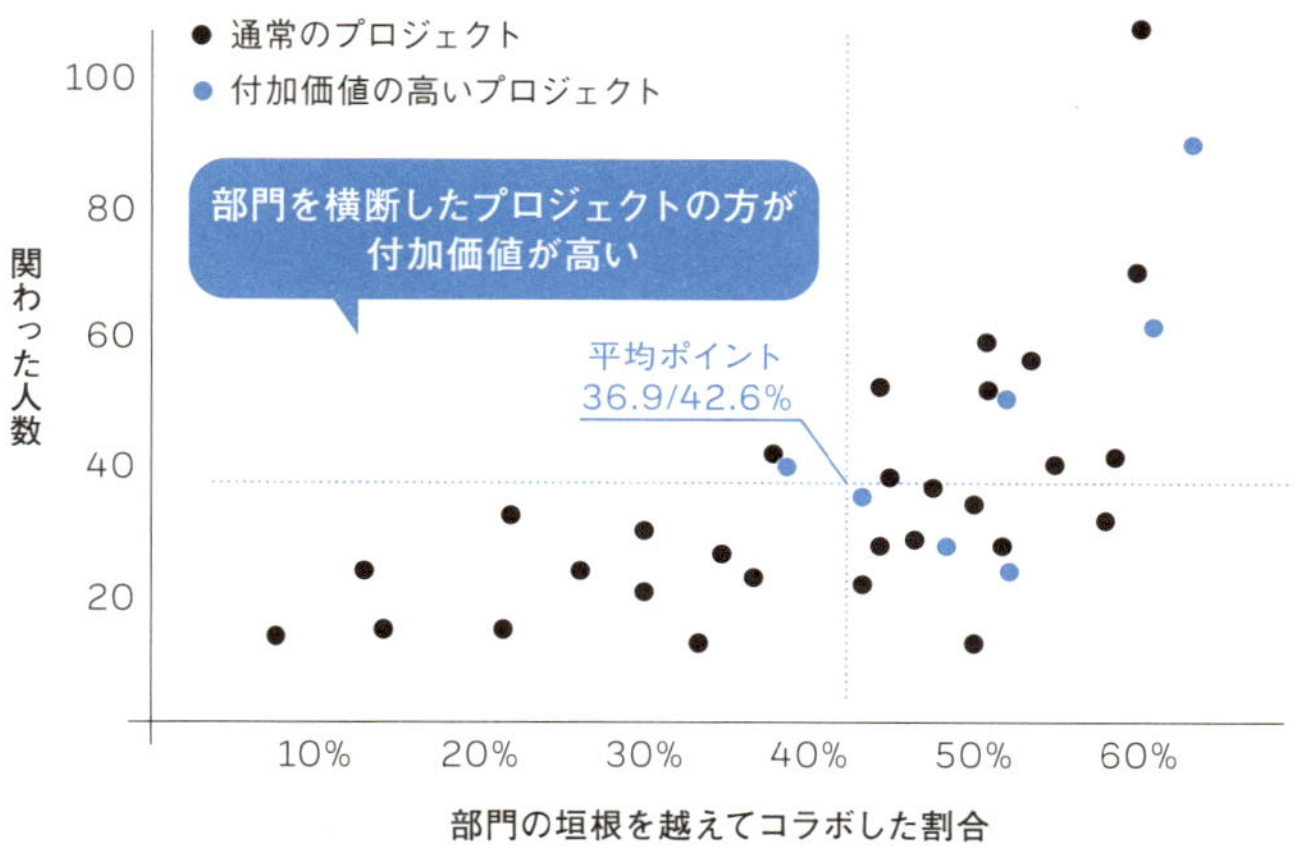

図11：仕事の複雑化がコラボレーションを促している

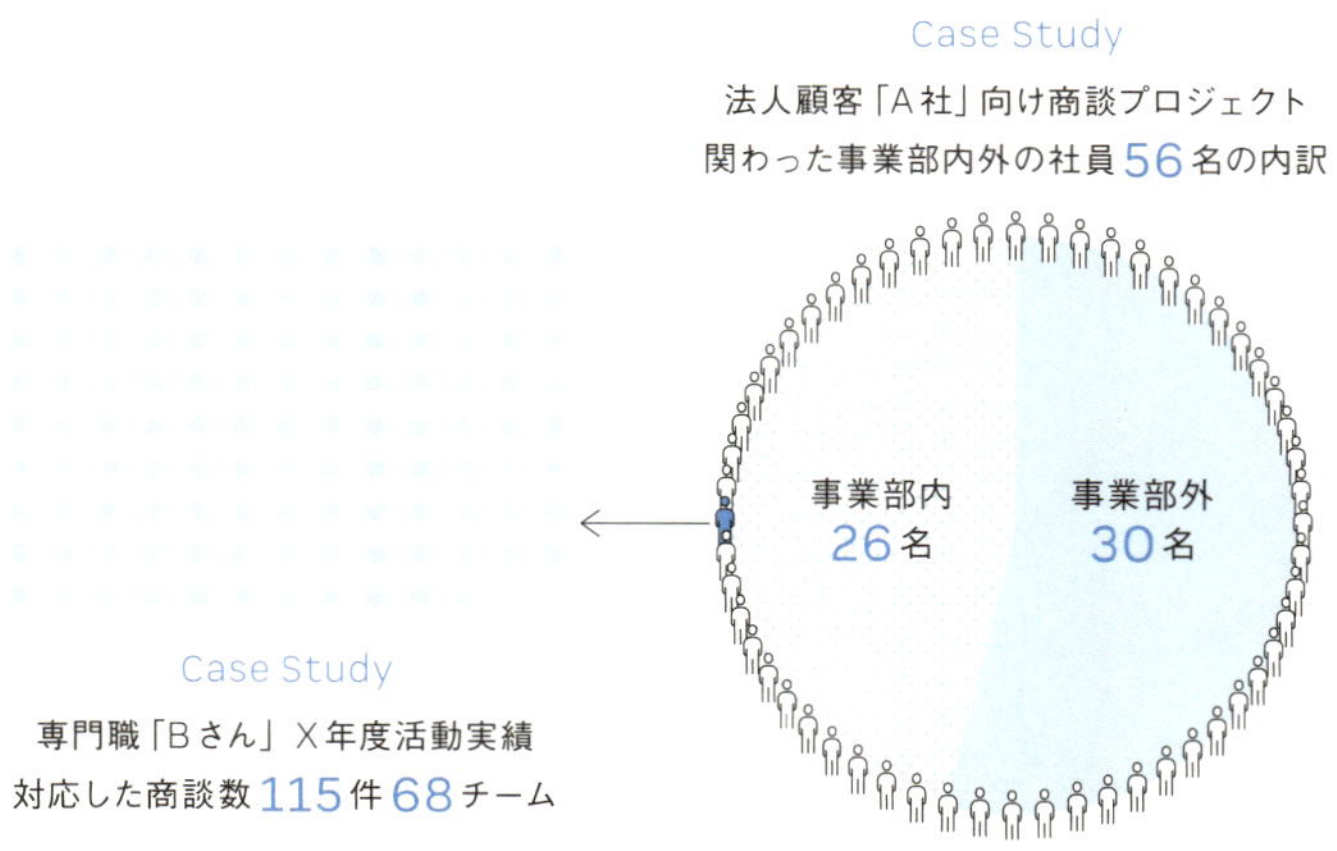

マイクロソフトでは、さまざまなデータを取り「コラボの重要性」や「現状のコラボ度」を明らかにして、コラボレーションを促そうとしています。

ただし、こうしたデータを見て「他部署とコラボすること」自体が目的になってはいけません。それではただの「コラボごっこ」だからです。

データが有用なのは、自分の行動を客観的に振り返り、行動変容のきっかけにできる点です。

たとえば、「付加価値が高いプロジェクトのクロージング」が、組織の目的の一つに掲げられているとしましょう。

その目的に対し、データを見れば「他部署とのコラボが大事」であることや、「自分の現在のコラボ度」が明確になります。こうしたデータをきっかけにして「もう少しコラボ度を高めれば、付加価値の高いプロジェクトをクロージングに導けるのではないか」と仮説を立て、行動を変えてみる。

ここにデータドリブンな行動改善の価値があります。

今の時代、自分で抱え込んでも問題は解決しない

コラボの重要性においては、まったくもってその通り。疑いの余地はありません。「これからはコラボレーションからのイノベーションの時代」と私自身も主張していますし、「組織の中に答えがない時代」、もっと言えば「一人で答えが出せない時代」です。

環境は不確実で、より複雑になり、技術が進化し、人の価値観も変わり、さまざまな側面でグローバル化しています。

こうした状況では「自分で抱え込まない」は必須です。他人の力を借りながら「かけ算で解決していく」「チームワークを通じてより効果的に成果を出していく」が前提になってきます。

現代におけるハイパフォーマーとは「チームワークを通じて成果を出すしくみ」を作っていける人。コラボレーションこそ、ハイパフォーマーの条件なのです。

マイクロソフトでは徹底してコラボレーションを促すために評価制度も変えています

が、これは容易ではありません。多くの企業と関わってきた私の経験から言えば、「勇気あるマネジメント」とすら感じます。

時代が変わったとはいえ、いわゆる個人で活躍する人は、短期的には成果を上げる可能性は高いものです。

ただし、中・長期的に見ればコラボレーションは必須であり、コラボレーションを妨げる個人プレイヤーは組織に悪影響をおよぼす可能性が出てきます。

つまり「コラボレーションを本気で評価する」場合、中・長期的視点が必要であり、場合によっては、個人が叩き出してきた短期的な成果を犠牲にする可能性もあり得ます。

実際の現場を見ている人ならおわかりかと思いますが、成績を上げている個人プレイヤーを評価せず、組織として中・長期的な視点を持ち、コラボレーションを優先するのはやはり勇気がいります。

しかし、経営者や経営幹部にはその勇気が今、必要なのだと私は考えます。

組織の文化や風土を変えるには時間がかかりますし、企業として「こういう人材が必要なのだ」として、「人材における勝ちパターン」を変えていくのも簡単ではありません。

コラボレーションを促すと言っても、すぐに目に見えて成果が出ない場合もあるでしょう。

だからといって、短期的で、目に見える成果ばかりを追いかけていても未来はありません。5年後、10年後までを見越して「企業として、本当に大事なこと」を評価し、育成していく。

それこそマネジメントの本質だと私は思いますし、今、目に見えているものだけを評価するのはマネジメントとは言えません。

06 メールを中心としたコミュニケーションはもう古い

マイクロソフトのレポートの中に日本マイクロソフトとグローバルのマイクロソフトの働き方の違いを示すこんなデータがあります。

【マイクロソフトにおける日本とグローバルでの働き方の違い】
メール作成にかかる時間　日本の方が24％長
メールを送っている相手　日本の方が31％多

長年、働き方改革に取り組んできた日本マイクロソフトでも、世界各地に支社を持つ

図12：日本は「メール」と「会議」にかかる時間が長い

※日本マイクロソフトとグローバル全体の平均比較

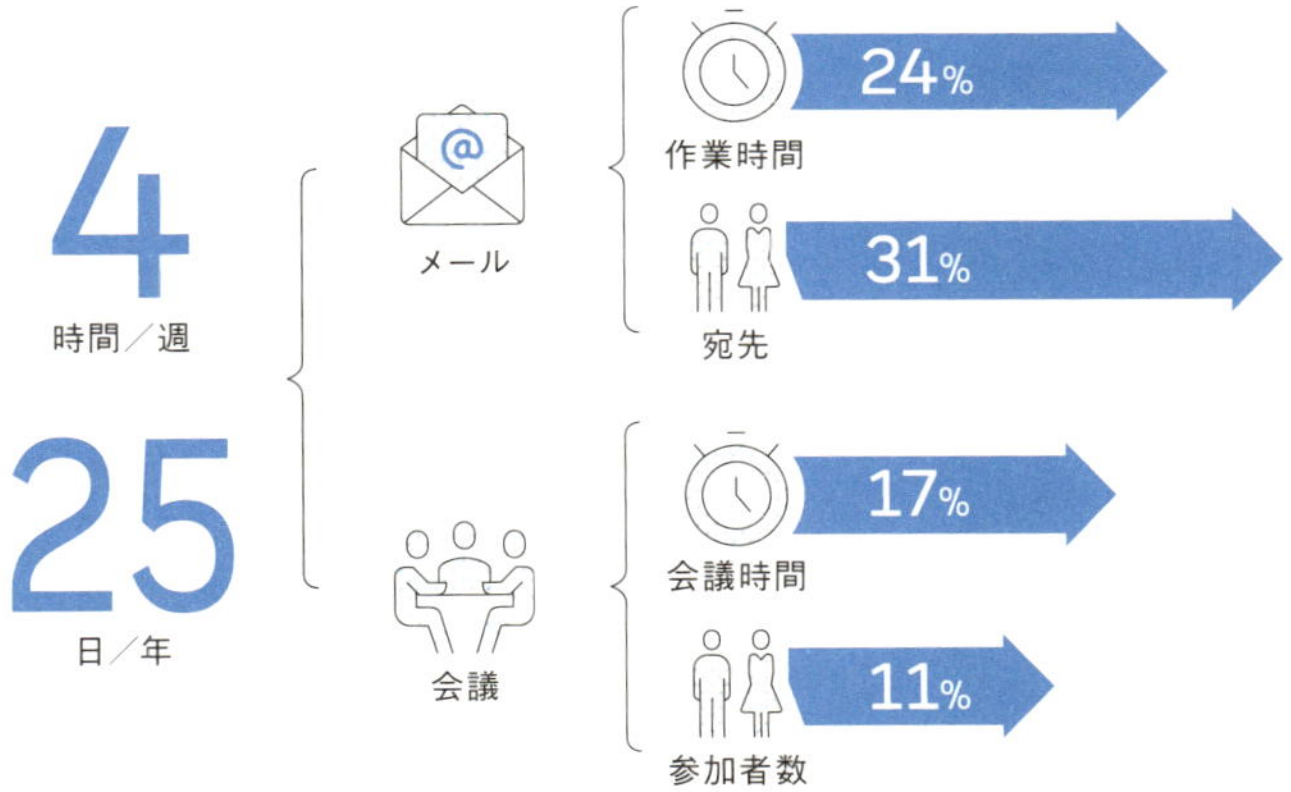

マイクロソフト全体の平均と比べると、まだまだメールに費やす時間が多いわけです。取材のなかで、日本マイクロソフトがチャットを積極的に活用している様子を目にしていたため、意外に感じました。

メールのみならず、会議も組み合わせると日本マイクロソフトは週4時間、年25日もメールと会議だけでグローバルより長く費やしている事実がわかり、それであれば週勤4日にチャレンジできるのではないかとの考えから、本書冒頭で触れた「ワークライフチョイスチャレンジ」の取り組みにいたりました。

これらの結果を受けて、日本マイクロソフ

図13：メール時間はここまで減らせる（10月入社・A社員の例）

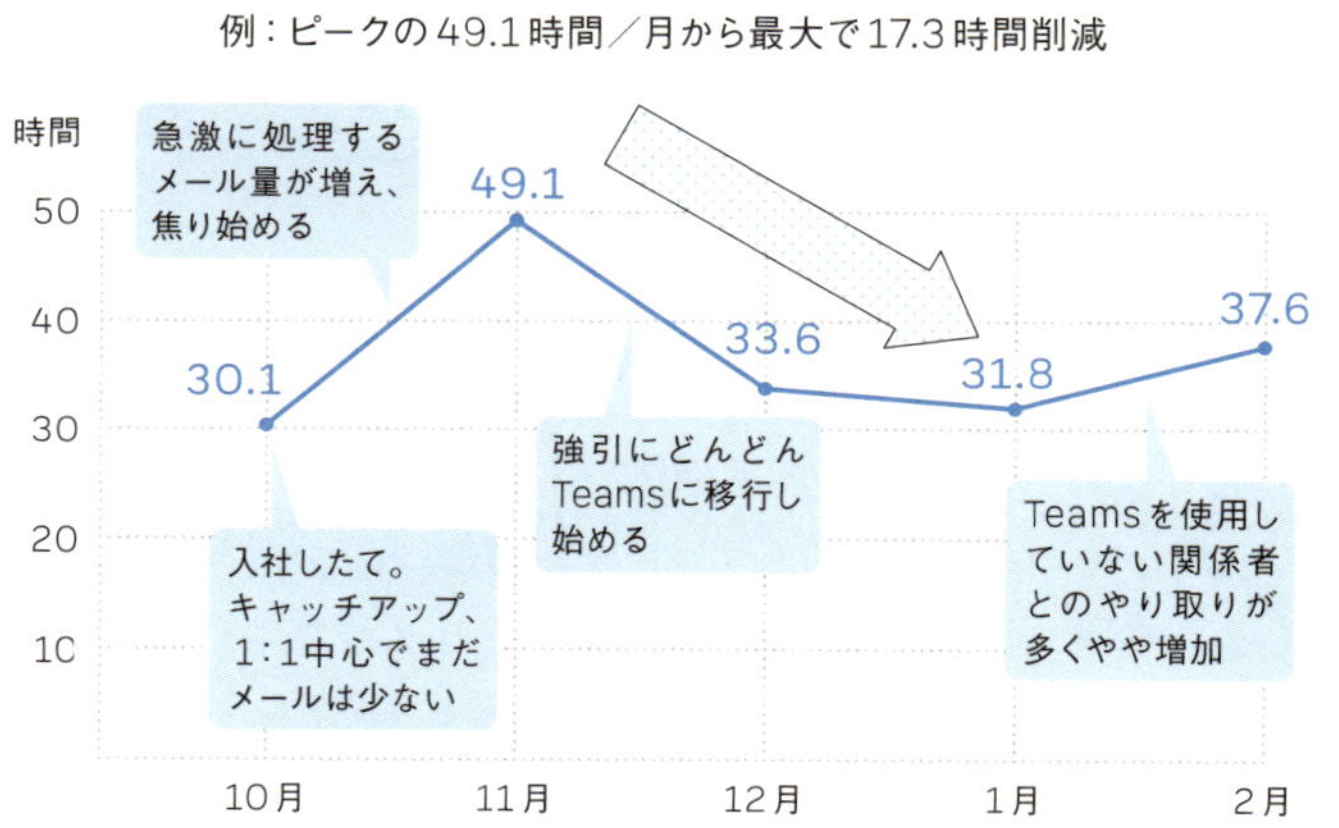
例：ピークの49.1時間／月から最大で17.3時間削減
時間
50
40
30
20
10
10月
11月
12月
1月
2月
30.1
49.1
33.6
31.8
37.6
急激に処理するメール量が増え、焦り始める
強引にどんどんTeamsに移行し始める
入社したて。キャッチアップ、1:1中心でまだメールは少ない
Teamsを使用していない関係者とのやり取りが多くやや増加

トではTeamsのビジネスチャットの使用を積極的に推進しています。社外とのやりとりなどでメールを使用するケースはまだ残ってはいますが、それもプロジェクトが動き出せば、Teamsのチャットでやりとりをするケースもまた増えています。

人事部門でも「メール対応は非効率」とのことで、メールの使用を減らす取り組みを行った結果、ある個人のケースでは、メールの対応時間がピーク時は49・1時間（月）だったのに対し、2か月後には31・8時間まで削減されていました。

メールは情報を属人化させやすい

仕事をする上でメールを使うのか、それともビジネスチャットを使うのか。

もちろんどちらか片方だけが正解ではありません。ただし、私自身の体感としても、やりとりの中心はビジネスチャットになっています。スピーディで、情報共有もしやすいので、メールを使用する機会は激減しました。

また、メールには情報を属人化させやすい特性があります。メールは相手のメールボックスに情報が入るので、たとえば、後からメンバーが追加された場合、いちいち転送して情報共有をしなければなりません。

その点、ビジネスチャットは、やりとりの履歴を見れば、比較的スムーズにキャッチアップできます。

また、メールについては添付ファイルの問題も悩ましい。

ファイルをzipで圧縮して、パスワードをかけて、そのパスワードは別のメールで送信する。そのような方法を未だに行っている企業も多々ありますが、はっきり言って面倒以外の何物でもありません。

セキュリティ面から見ても効果は薄く、むしろセキュリティ上好ましくない。そう主張するセキュリティの専門家もいます。

企業によっては、セキュリティレベルが突然変わり、以前は送れていたはずのファイルが突然フィルターにかかり、削除されてしまった。そのような細かなトラブルも珍しくありません。

データ共有に関しては、共通のオンラインストレージを使えば、そのような問題はなくなります。データを更新した際、いちいちメールを送らずとも、メンバーは常に「最新版を確認する」との共通認識さえあれば、最新データの共有も完了です。

「とりあえずメール」の発想はそろそろやめた方がいい

一般的な認識として、チャットに比べてメールは堅苦しく、形式張ったツールという印象が強いです。

「お世話になっております」「○○の件で、ご相談があって連絡いたしました」「お手数ですが、ご確認をお願いいたします」など、本来の内容以外の定型文が多くなります。書く方も、読む方も正直ムダな時間ではないでしょうか。

ひどいところになると、「メールの宛先やCCは職位順に並べないと失礼に当たる」など、恐ろしく古風な文化が根づいているところもあります。

そうしたコミュニケーションの堅苦しさは、オープンなマネジメントやコラボレーションの妨げになり得ます。

もちろんメールのすべてが悪いわけではなく、私の場合でも希ではありますが、初めて連絡する相手、あるいは、まだ関係性ができていない相手などには、あえてメールを使い「少しきちんとした形」で連絡する場合もあります。

昨今のビジネス環境を考えると、「とりあえずメール」のような思考停止はやめて、ビジネスチャットを活用して、必要なときにメールを使う。

そのくらいの使い分けをしてもいいのではないでしょうか。

職場の科学

07 優秀な人ほど「上司と一緒の会議」に出ている時間が短い

マイクロソフトでは会議について徹底したデータ分析を行っていますが、アナリティクスの担当者がおもしろいことを言っていました。

「じつは優秀な人ほど、上司やマネジャーと一緒に会議に出ている時間が短いんですよ」

また、それに加えて上司と一緒に出る会議の数が少ない社員ほど満足度が高いというデータも明らかになっているようです。

なぜ、優秀な人は「上司と一緒の会議」にあまり出ないのでしょうか。

これは「同じ会議に意思決定者は二人いらない」話につながります。

優秀な人は権限移譲されている場合が多く、自分で物事を決められます。同じ席に上司やマネジャーがいる必要がありません。

二人が同じ会議に出ないだけで、お互いの時間効率は上がりますし、会議の参加人数を減らせば「参加者の満足度」「組織への帰属意識」に貢献できることは、すでにデータが証明しています。

もちろん会議は意思決定だけが目的ではないので、上司と部下が参加するケースがあってもいいのですが、「意思決定者は二人いるのか」の視点はとても大切です。

ぜひ考えてみてください。

意思決定の速さが多様なコラボレーションを促す

部下にきちんと権限移譲する。

まさに組織の成熟度が問われる部分ですが、ビジネススピードにおいても非常に大事な観点です。

これまで私は多くの企業と関わっていますが、担当レベルに権限がきちんと移譲され、意思決定のスピードが速いと、それだけコラボレーションしやすくなります。

私のような外部の人間にしてみれば、意思決定の遅い企業と速い企業なら、当然後者と仕事がしたいわけです。アイドル時間が短ければ、それだけプロとしての活躍機会が保証されます。素早くつながって、素早く行動し、素早く成果を出す。企業としてもその方がメリットは大きいわけです。

「大企業は意思決定が遅い」とよく言われますが、それも企業によってさまざま。大企業でも意思決定が速いところはもちろんあります。

権限移譲が十分でなく、意思決定の遅い組織はそれだけコラボレーションの機会を損ない、顧客も逃がしているケースが多いと思います。

看過できないリスクなのです。

採用の意思決定が遅いと人材を奪われていく

日本のある大手企業の人事担当が「人を採用する際にも意思決定のスピードがなければ、どんどん他社に人材を奪われていく」と語っていました。

特に転職の場合、優秀な人ほどスピードを重視します。一か月待たせる企業より、一週間で決めてくれる企業に人材が流れていくのは当然です。「転職を早く決めたい」との思いがあるのも事実ですが、優秀な人たちは「入社した後の姿」までイメージします。

権限移譲が不十分で、意思決定が遅い組織では、結局自分もそのような環境で働かざるを得ないのではないか。そのような組織や上司の下で「自分の能力は十分に発揮できるだろうか。十分なキャリアが積めるだろうか」。

そのように考えるのは当然です。

時間をかけて面談を繰り返し、じっくり相手を見るのもまた一方では大切です。時間をかけ、お互いの理解を深められればミスマッチが防げるのも事実です。

しかし、その時間が企業としてのブランド価値を下げ、優秀な人材を逃す要因になっているかもしれないのです。

08
帰属意識が高いのは「働きすぎの人」でも「あまり働いていない人」でもない

働き方改革が盛んに叫ばれるようになってから、企業での労働時間、残業時間に対する意識はかなり変わってきたと思います。

ここに労働時間に関するおもしろいデータがあります。「週40～45時間働いている人（休憩時間を除く）」がもっとも帰属意識が高く、それを超えると少しずつ下がってくる（図14）。

企業によって価値観や働く人の感じ方は異なりますが、示したデータを見ていくと、40～45時間くらい働いている人は、帰属意識も、仕事に対する満足度も高い傾向にある

図14：帰属意識と労働時間の関係

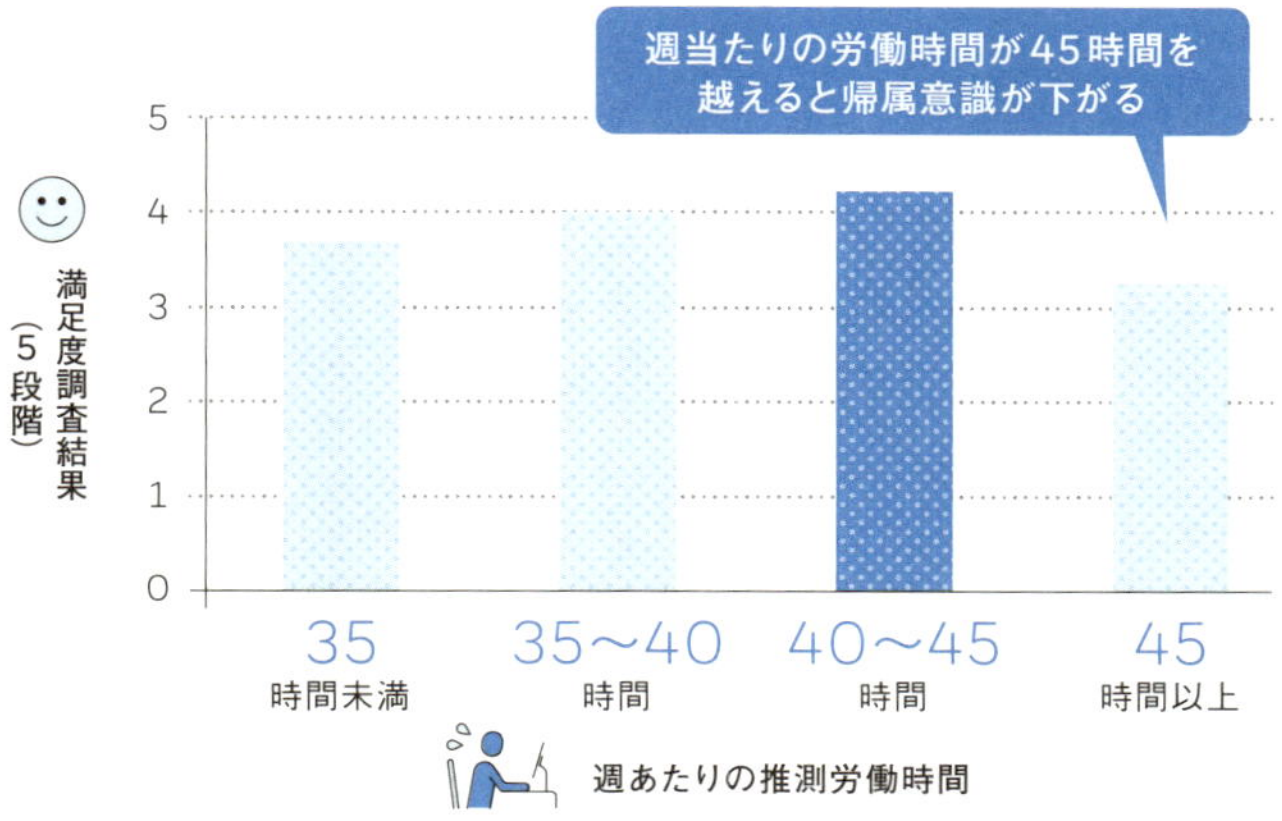

ようです。

企業として「働き方のオプション」をどう提供できるかがカギ

こうしたデータのすべてがそうであるように、帰属意識や満足度を「時間」（労働の量）だけで判断してしまうのはやや危険です。

「45時間がもっとも満足度が高いらしい。よし、ウチの会社もそれを目指そう」と単純な発想で取り組めばいいものではありません。

多くの企業と関わってきた経験からしても、労働時間が少なくても、会社に対する帰属意識や満足度が高い人はいます。

毎日、定時で帰ることができて、社外のセ

ミナーや勉強会へ頻繁に出かけて行く。ＩＴ業界やＩＴエンジニアによく見られる傾向ですが、こうした仕事のスタイルが働く人のレベルアップ、満足度の向上に大きく寄与しているケースもあります。

その一方で、残業時間が多く「あの人は、いつでも会社にいるよね」なんて言われている人が、ものすごく帰属意識、愛社精神が高く、献身的に会社に貢献しているパターンもあります。

企業や組織によっても、また年齢やライフステージなど、さまざまな属性の違いによっても、「労働時間と帰属意識や満足度」の関係は違ってきます。

単純に「労働時間・週何時間を目指す」と固定的なＫＰＩを設定してしまうのは賛成できませんが、こうしたデータを取って「働き方の実情」を見える化し、改善のきっかけにするのは大切です。

リモートワークが進んでくると、労働時間の概念そのものが大きく変わってきますし、働く側もより明確に多様な価値観を持つようになります。

企業側としては、あくまでも自分たちの勝ちパターンを見据え、労働時間だけでなく、

「どのような働き方のオプション」を提供し、「どのような人たちに集まって欲しいのか」をより打ち出していく姿勢が求められます。

09 「社内人脈の広がり」は社員の「成長」に等しい

新入社員や新しく部署に異動してきた人に対して、「一人前になったな」「もう十分に一人で仕事ができる」と感じるときがあります。

さて、その場合の「一人前」とは何を基準にしているでしょうか。

考え方は人それぞれですが、ここに興味深いデータがあります。

図15は、買収された企業の社員が、買収後、時間が経つにつれて「**どのくらいの人数と関わりを持つようになっていくのか**」を示した図です。

ちなみに、**日本マイクロソフトの一般的な社員は、一か月あたり三十数名と関わりを**

図15：社内人脈の広がりをデータ化する

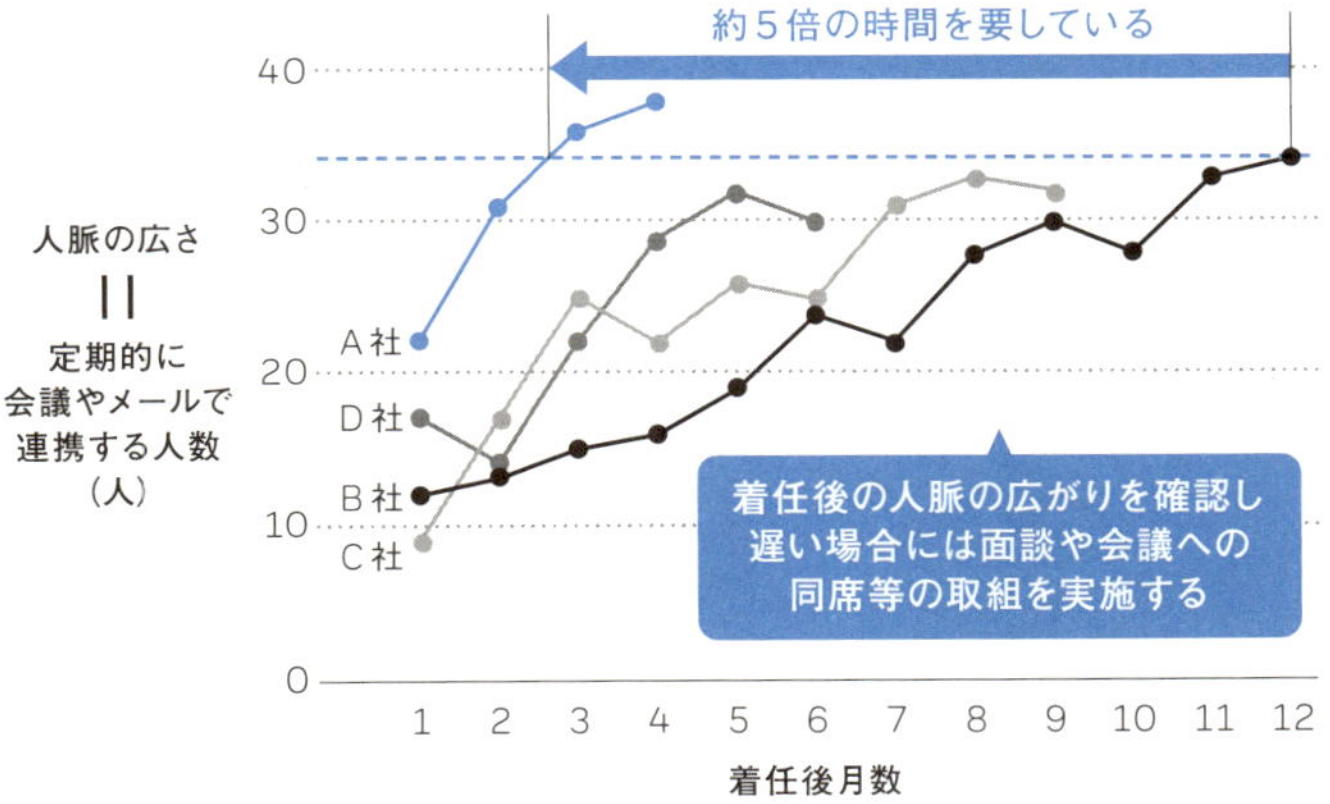

持つと言います。データで見ると33人（月）くらいが平均です。

これを一つの基準として、このレベルに達するまでに、どれくらいの時間がかかっているのか。このデータに組み合わせて見てみます。

当然ながら、組織に新しく入ってきた人たちは人間関係が構築されていないので、その人数は少なくなります。

図15の青線（A社）は非常に短期間（2か月強）で基準値に達している一方、黒線（B社）は同じレベルに到達するまでに12か月、約5倍の時間を要しています。

コミュニケーションが平均レベルに達した

ところで「馴染んだ」「効果的なシナジーが発揮できる状態にある」と判断する、一つの材料として使われています。

アナリティクスの担当者に話を聞いてみると、新入社員や新しい部署に異動してきた人の場合でも、同じように言えるそうです。

優秀で、早く能力を発揮する人ほど、社内人脈を作るのが早く、この図における「平均レベル」に早く到達します。

個人の成長、「組織への馴染み度」をコミュニケーションの人数で見ていくのは、非常におもしろい視点です。

新入社員や異動してきた人に対して、積極的に多くの人に紹介したり、他部署とのミーティングに同席させるなど、意図的に交流する人数を増やしていくのは効果的なアプローチです。

社員全員、総当たりで「1対1のランチ」を実施

社内人脈に限らず、人脈の構築度合いでその人の成長を推しはかるのは面白い視点です。人とのつながりの多さは、「困ったときに相談できる人の多さ」と捉えることができます。

直属の上司にしか相談できない人と、専門部署の担当者（社内）に話ができる人、あるいは、社外の専門家に直接話を持ちかけられる人を比べれば、後者の方がハイパフォーマーたり得るでしょう。

いきなり社外のつながりを強化するのが難しければ、まずはコントロールが可能な社内人脈から広げてみましょう。

私が顧問およびエンジニアリングマネージャーを務める株式会社ＮＯＫＩＯＯ（浜松市）では、「ラウンドロビンランチ」なるユニークな取り組みを行っています。

社員数およそ20名。全員が総当たりで「1対1」でランチに行く。社内には、まるで

筆者が顧問兼マネジャーを務めるNOKIOO

対戦表のような大きな図が貼り出されていて「今日は誰と誰がランチに行くのか」が一目で分かります。ちなみに、費用は会社持ちです。

1対1でランチに行けば、まったく知らない人同士でも「やっている仕事」「担当している案件」の話が出たり、仕事の話だけでなく、趣味の話、悩みなどさまざまな雑談もするでしょう。

まさに「雑相」です。

ここで人間関係ができていると、いざ仕事で問題やトラブルが起きたとき「あの人に相談してみよう」とすぐに思い浮かびますし、声をかけやすくなります。

マイクロソフトでも新型コロナウィルスの感染拡大前はリモート会議を推奨する一方で、人と人が直接会うイベントには力を入れていました。日本だけでなく、グローバルでも大きなイベントが開催されていて、そこで一度会っておくと、その後リモートで話を持ちかけるハードルはグッと下がったそうです。

10

「リモート会議」が増えれば、それだけ「人材ネットワーク」も広がる

日本マイクロソフトで実施した「ワークライフチョイス チャレンジ2019夏」の結果に、次のようなデータがあります。

- **月あたりの就業日数 ↓ 25・4%減（2018年8月比）**
- **「リモート会議」実施比率 ↓ 21%増（2019年4～6月比）**
- **1日あたりのネットワーク数（人材交流）↓ 10%増（2018年8月比）**

この数字を見ると、就業日数が25%も減っているにもかかわらず、リモート会議の比

図16：ワークライフチョイス チャレンジ 2019夏

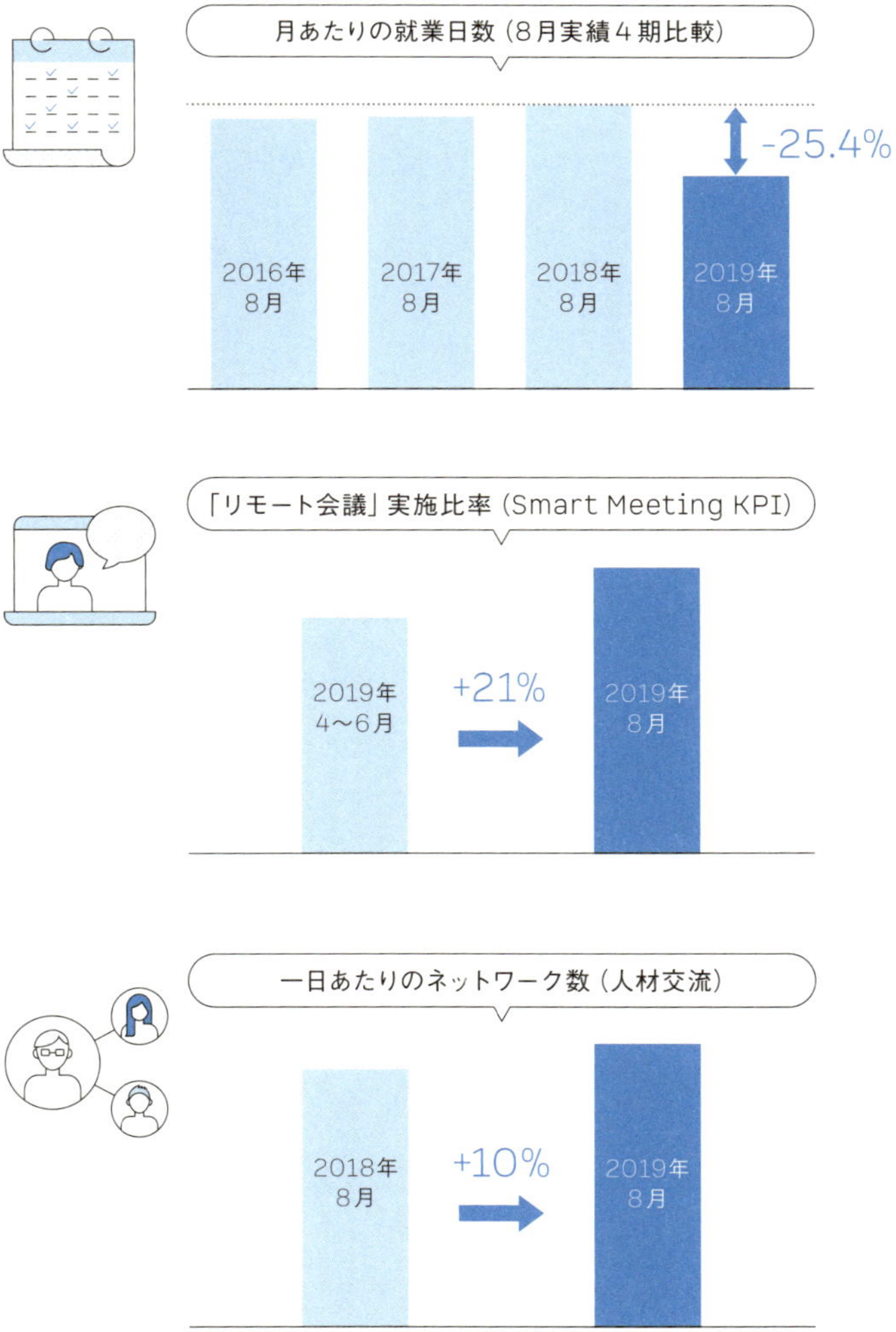

率を高めることで、むしろ人材ネットワークは10％も活性化しています。

もちろん、活性化の要因を一つに求めるのは乱暴ですが、リモート会議の割合が増えれば、よりコラボレーションしやすくなるのは間違いありません。


さらにもう一つ、図17はマイクロソフトではなく、あるクライアント企業の実態を調査したデータです。**「直接対話の『面談』依存率」**と**「対話人数」**および**「対話リードタイム」**について調べたものです。


このデータを見ると、「直接対話」の依存率が62％から53％に減り、対話人数が13・2％アップしています。

単純に「コミュニケーションがリモートへ移行した結果、対話する人数が増えた」わけです。

誰もがなんとなくは理解している話であっても、はっきりデータで示してみると、無視できない現実になります。

図17：コミュニケーションの量と速度

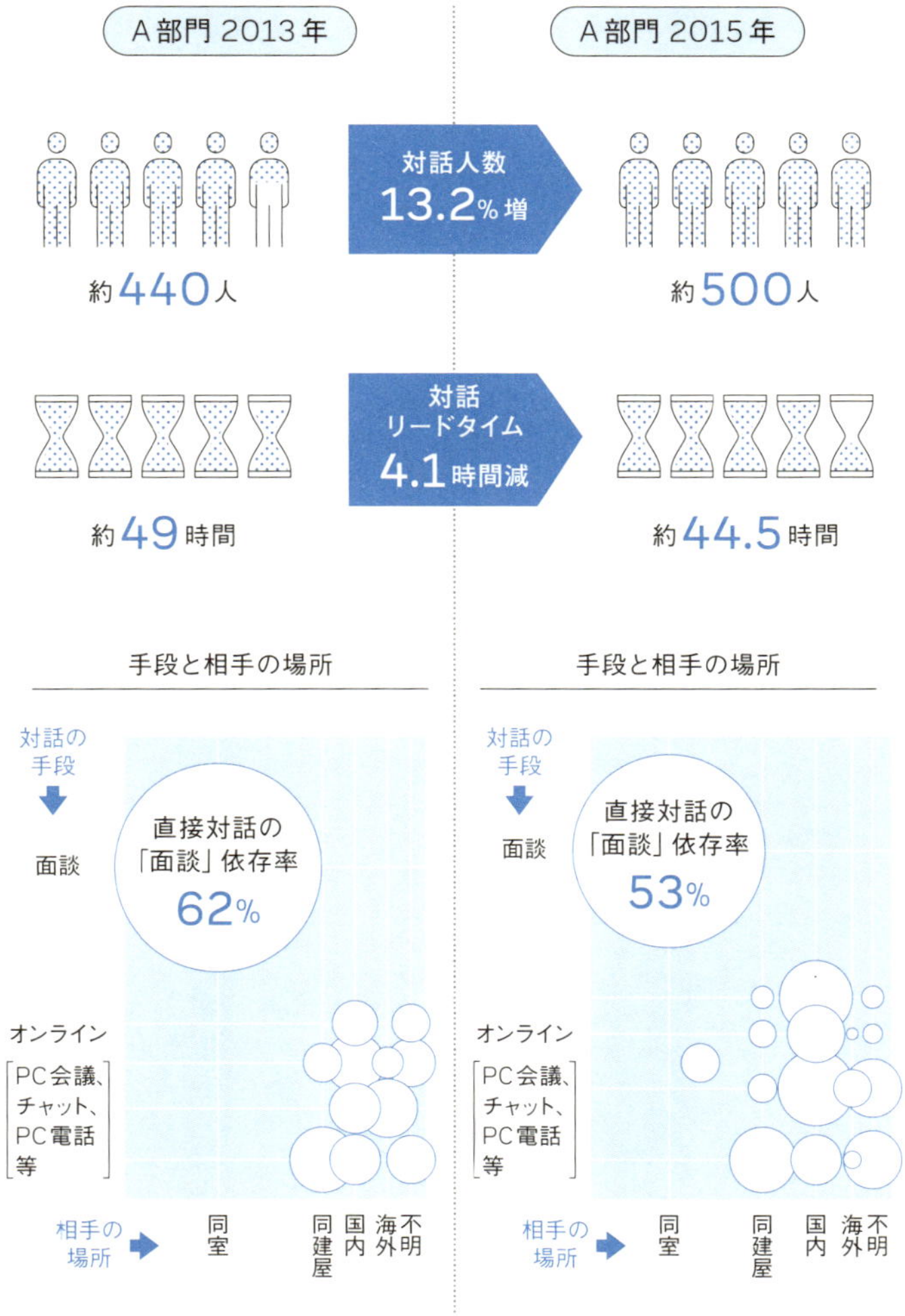

相手が社内であれ、社外であれ、リモートの方が参加しやすいのは明らかです。場所の制約を受けないので、自宅にいようが、海外にいようが、まったく関係ありません。

実際、私も浜松の顧問先のオフィスにいながら、スキマ時間を利用して、東京のメディアからの取材を受けたり、他県のクライアントのミーティングに参加したりしています。リモートでなければ、実現し得ません。

日本マイクロソフトの人たちに話を聞いても、忙しいインフルエンサーや専門家の人に「ちょっとでもいいから会議に参加して欲しい場面」はよくあるそうです。リモートであれば、参加のハードルが下がります。

この簡便さこそ、コラボレーションのカギであり、コラボレーションの促進は、今やほとんどの企業、業界における共通の勝ちパターンとも言えるでしょう。

新型コロナウィルスの問題で「リモートワークが広がった」なんてレベルではなく、企業として、組織として、絶対に活用すべきリソースです。

コラボの促進は「インターナルブランディング」にも寄与する

リモート会議の活用によって、さまざまな人が関わってくれる。

これは想像以上に大きな価値をもたらします。

活発で、多様なコラボレーションができれば、イノベーションが起きやすく、まったく新しい視点でビジネスが展開できたり、問題解決ができる。

そのほか「これだけ多くの人が関わっている」、あるいは「こんなハイレベルの人ともコラボできている」などの感覚は、社員のモチベーションアップや企業に対する信頼感、帰属意識にも影響します。

コラボレーションのハードルが低ければ、何か問題が起こったとき「すぐに誰かに助けてもらえる」「一緒に問題解決していく」などの感覚が自然になり、一人で抱え込まなくてもよくなります。

精神衛生上も健全で、安心できる状態です。

また、社外の人を含め、多くのスペシャリストと関わる機会があると、それだけ成長欲求を満たすことができます。

社員に対する組織づけや方向づけ、すなわちインターナルブランディングの観点から言っても、コラボレーションの促進は必須です。

リモートワークの活用は、その大きな後押しになるのです。

職場の科学

11 「個人の業績」だけの評価をやめる

組織として何を評価するのか。

評価によって働く人の行動様式や考え方が変わり、結果として組織のカルチャーや空気も変わります。

マイクロソフトでは、一般で言う「パフォーマンス」を「インパクト」という言葉で表現していますが、インパクトを評価する要素として次の三つを挙げています（図18）。

- 個人の業績
- 他者の成功への貢献

図18：マイクロソフトの重視する「インパクト」とは

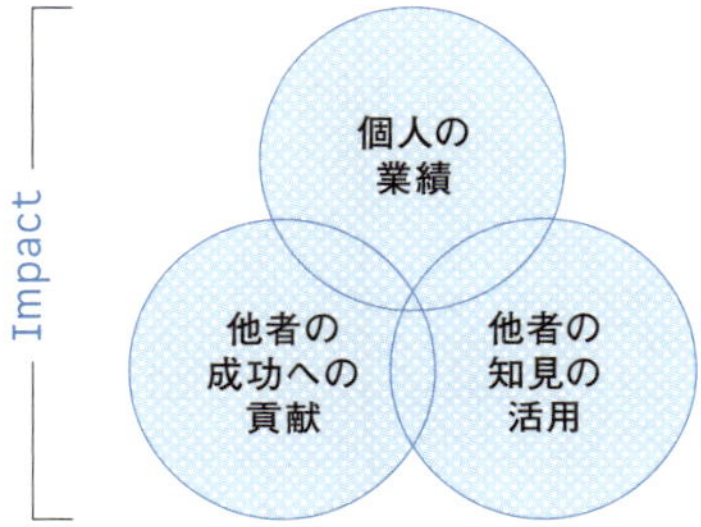

✕ フィクストマインドセット
挑戦を避け、簡単にあきらめ、失敗を無益または悪いと見て、役に立つ否定的なフィードバックを無視し、他者の成功によって脅かされるようになる

○ グロースマインドセット
学びたいという願望につながり、したがって、挑戦を受け入れる。挫折に直面したまま批判から学び、他人の成功から学びインスピレーションを得ることができる

※グロースマインドセットはスタンフォード大学心理学教授のキャロル・S・ドゥエック氏によって提唱された

●他者の知見の活用

評価基準に「他者の成功への貢献」と「他者の知見の活用」を入れているところに、組織としての重要なメッセージがあります。まさに「コラボレーションを促す」です。

どれだけ「コラボレーションが大事」「コラボレーションからイノベーションが生まれる」と叫んでも、組織が個人の業績（あるいは、チーム単位の業績）だけしか評価しなければ、社員の意識はどうしたって「自分の成果」「自組織の成果」のみに向かっていきます。

促したい行動があるなら、しっかりと評価制度にビルトインする。そうでなければ絵に描いた餅になります。

組織のナレッジマネジメントは社内外に向けたブランド戦略となり得る

「他者の成功への貢献」や「他者の知見の活用」を活性化させるにあたって、重要なのは「ナレッジマネジメント」です。ナレッジマネジメントとは、組織の中の人や知識を共有する、言わば社内インフラの一つです。

マイクロソフトでは、開発中のテクノロジーやシステム、個人の経験、知識などについて、社内共有可能なフォルダに保存した情報は、基本的に誰でも検索可能で、どのような人でも簡単にアクセスできるようになっています。データはクラウド上に保存されていますから、「いつでもどこでも」アクセスが可能です。

こうしたナレッジマネジメントは、同時に、社内外に向けたブランドマネジメントでもあると私は捉えています。

この組織には「こんな人がいる」「こんな知見や経験値がある」「こんなテクノロジーがある」「こんなシステムがある」「こんな商品やサービスがある」と認識し、共有する。このナレッジマネジメントが機能していると、組織に対するエンゲージメントが上がります。

自分が属している組織に「こんな凄い人がいる」「素晴らしいシステムがある」と思えれば、それだけ帰属意識やモチベーションが上がるでしょう。

そうしたさまざまなリソースを活用し、新しい人とのコラボが活性化し、新たなイノベーションが生まれれば、それがまた組織の財産となります。

コラボレーションのプロセスが社内で共有されれば、当然、他の社員たちも「自分ももっと、いろんな人と関わって価値の高い仕事をしよう」とのモチベーションにつながり、さらに組織は活性化します。

また、自分の知識や体験が、想像もしていなかった部門に役立つ体感をすると、これまで関わってこなかった社内外の部門、業界、企業とコラボレーションをするきっかけともなります。

「業績のみ」ではフェアに評価できない

「他者の成功への貢献」や「他者の知見の活用」を評価する制度は、ほかにも効果をもたらします。

どのような企業であれ、「自分の成果」「自組織の業績」が評価されるのは当然です。しかし、新型コロナウィルスの問題のように、避けようのない不可抗力、明らかな他責要因などによって業績が低迷するケースはあります。

その際、評価軸が「業績」だけでは、働きをフェアに評価できません。

仮に、自分の業績が上がらない状況であっても、他者への貢献や他者知見の積極的な活用を評価できるしくみがあれば、ある種の救済措置が可能です。

たとえば、主任Aと主任Bがいて、企業としては同時期に課長昇進を考えていたけれど、たまたま外部的な要因で主任Aの業績が低迷してしまった。そのようなケースもあるでしょう。

そのとき、別の評価軸があり、その部分での活躍が認められれば、主任Aも評価し、昇進させられます。

その結果、主任A（および周囲の人）の会社に対する心理的安全性、ひいてはエンゲージメントも高まるでしょう。

職場の科学

12 優秀な人ほど「誰にも邪魔されない集中タイム」を多く持っている

マイクロソフトのアナリティクス担当の人が取材中、こう言っていました。

「現場のプログラマーはとにかく『塊の時間』が欲しいんですよ。誰にも邪魔されない2時間の塊とか。実際、そういった時間が取れる人ほど効率のいい仕事ができます。そんな状況を踏まえて、部署や個人ごとに『どれくらい塊の時間が取れているのか』を分析してみたんです」

図19は**「集中して仕事ができる2時間の塊」がどれくらい取れているかと「会議の時間」の関連**を示したものです。

図19：会議時間と集中作業時間の分布

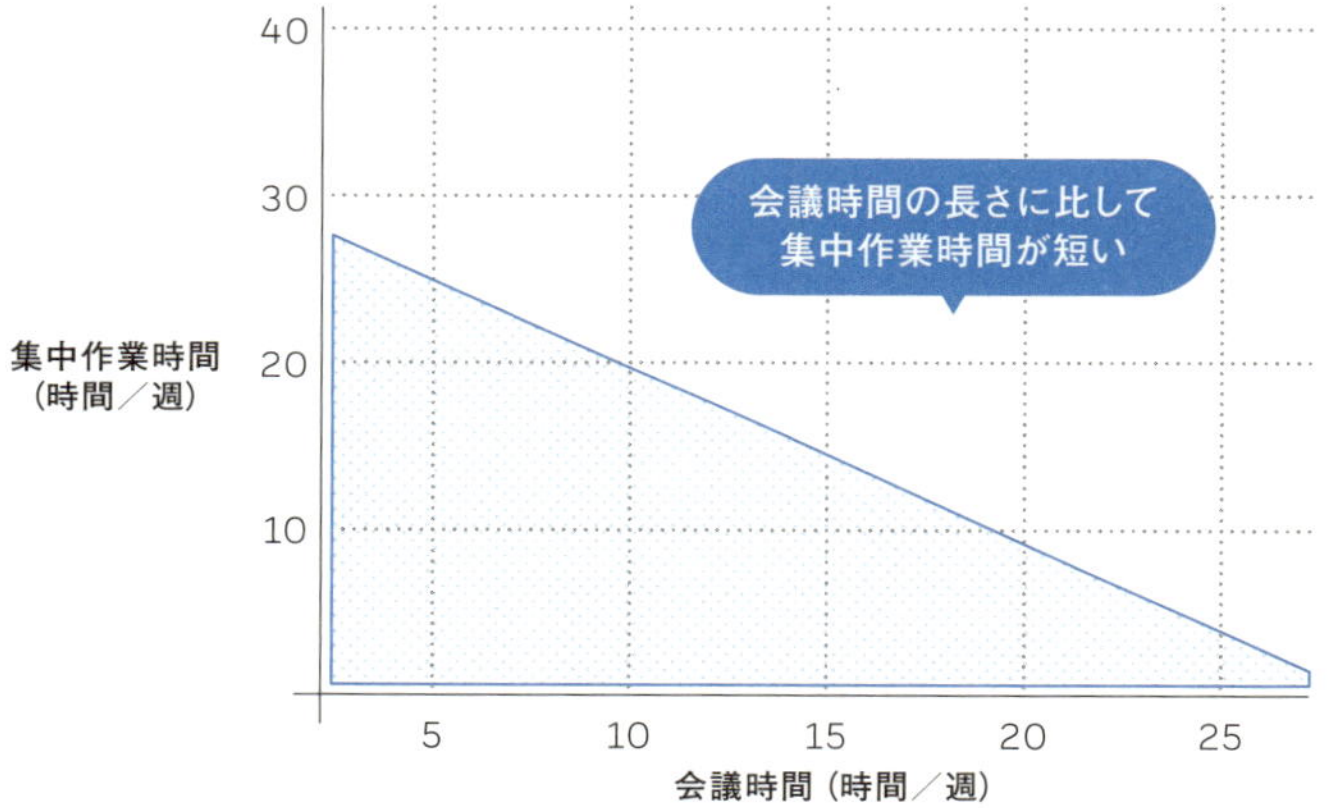

やはり、会議の総時間が長い人や部署ほど「集中できる時間の塊」が取れていません。

マイクロソフトの担当者は「会議時間の削減も大事ですが、会議時間設定（何時にやるのか）を工夫して『集中時間』を増やすこともできる。データは、そういった工夫のきっかけにして欲しい」と語っています。

たしかに、午前、午後、夕方とバラバラに設定されていた会議を寄せるだけでも「2時間の塊」「集中タイム」の確保につながります。

「仕事の再起動」に膨大な時間と労力がかかっている

「誰にも邪魔されない集中タイム」の確保は大切です。

「2時間の塊」が必要かどうかは、部門や個人の勝ちパターンにもよりますが、いずれにしても、「仕事の再起動」にかかる時間と労力は無視できない要素です。

そもそも組織には「個人が生産性高く、集中できる仕事環境を提供する責任」があると私は考えます。マイクロソフトが言う「選択肢と多様性を保証する」とも共通する部分は多いでしょう。サイボウズでも「100人いれば、100通りの働き方がある」として、さまざまなオプションを用意しています。

こうした制度やしくみの整備はもちろん、多くの職場を見てきた私の感覚で、シンプルに言ってしまえば「邪魔をしない」のが重要です。

集中して仕事をしているときに電話がかかってきたらイラッとします。そこからまたもとの仕事を再開するには、「再起動の時間と労力」が発生します。

あるいは、上司がいきなり「ちょっと、この件はどうなってる?」と別の仕事の進捗を確認してきたら、集中力が途切れてしまいます。

突き詰めていくと、「いつ、横やりが入るかわからない」環境自体がストレスであり、集中力、生産性の妨げになっています。

上司やマネジャーとの関係においては、そうならないために「仕事の初期」で十分なコミュニケーションを取り、進捗確認の方法、タイミングなども合意しておきたいです。あるいは、あらゆる人の進捗状況、業務スケジュールがクラウド上でオープンになっていれば、わざわざ本人に聞く必要もなくなります。

結果、その人の邪魔をしないで済みますし、自分のタイミングで必要な情報にアクセスできます。オープンな情報共有の重要性をここでもお分かりいただけるでしょう。またリモートワークなど、自宅やその他自分が集中できる環境で仕事をできる選択肢も欠かせません。通勤や移動のストレスも、仕事への集中を邪魔する大きな要因ですから。

「至急」「大至急」を連発する上司は無能

現場では「今、集中タイムです。話しかけないでください」などの札を掲げたり、会議室に一人で籠もって仕事をするなど個人的に工夫している人も。

しかし、個人レベルの工夫には限界があります。

個人の創意工夫のみに依存せず、組織として個人の働き方の「勝ちパターン」をリスペクトし、それを実現するための環境や仕組みを提供する必要もあります。

個人の集中力を妨げ、再起動にかかる時間と労力を一日のうちに何度も浪費しているとしたら、それこそ組織全体の損失です。余談ですが、「至急」「大至急」を連発し、すぐに部下の邪魔をする上司ははっきり言って無能だと思っています。「至急」「大至急」の裏返しは、「無計画」。すなわち、「至急」「大至急」の乱発は、上司が仕事を計画的に組んで進められていない証拠です。

組織の責任として、個人の勝ちパターンを尊重する。

そのために「何が邪魔をしているのか」「何を排除できるのか」を考えてみてください。

身近なところでは、電話対応に向き合ってみましょうか。突然の入電は、悪気なく人の集中力を奪うもの。

「電話をなくし、メールやビジネスチャットを活用する」

「当番制にして対応する人を決める」

試しに始めてみませんか？

職場の科学

13 人数の多い会議は「生産性」も「やる気」も低下させる

「21人以上の会議」に参加する機会が多い人は帰属意識が低くなる。加えて、**イノベーションは起こりにくく、組織力も弱いと感じているというデータがあります**（図20）。

各人がどの会議に参加したのかや、その会議の参加人数は自動的に算出されます。

この調査は「あなたはこの会社にあと何年いたいですか？」「同じ待遇で誘われたら、よその会社へ行きますか？」などさまざまなアンケート結果を踏まえ、分析された内容です。

ちなみに、日本マイクロソフトはグローバルのマイクロソフトの平均に比べ、会議に

図20：モチベーションを下げる会議の傾向

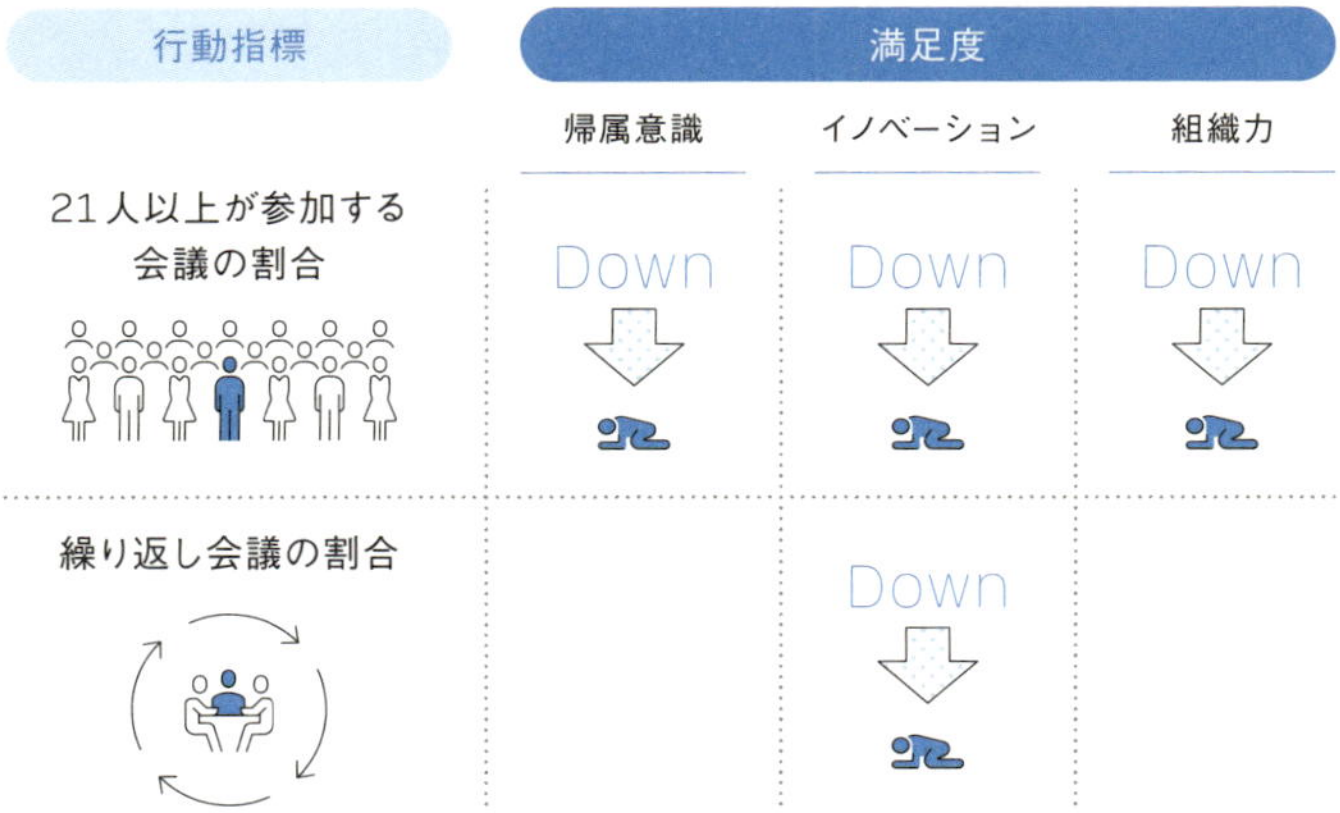

行動指標	満足度		
	帰属意識	イノベーション	組織力
21人以上が参加する会議の割合	Down	Down	Down
繰り返し会議の割合		Down	

図21：会議の負荷の大きさと質の低さ

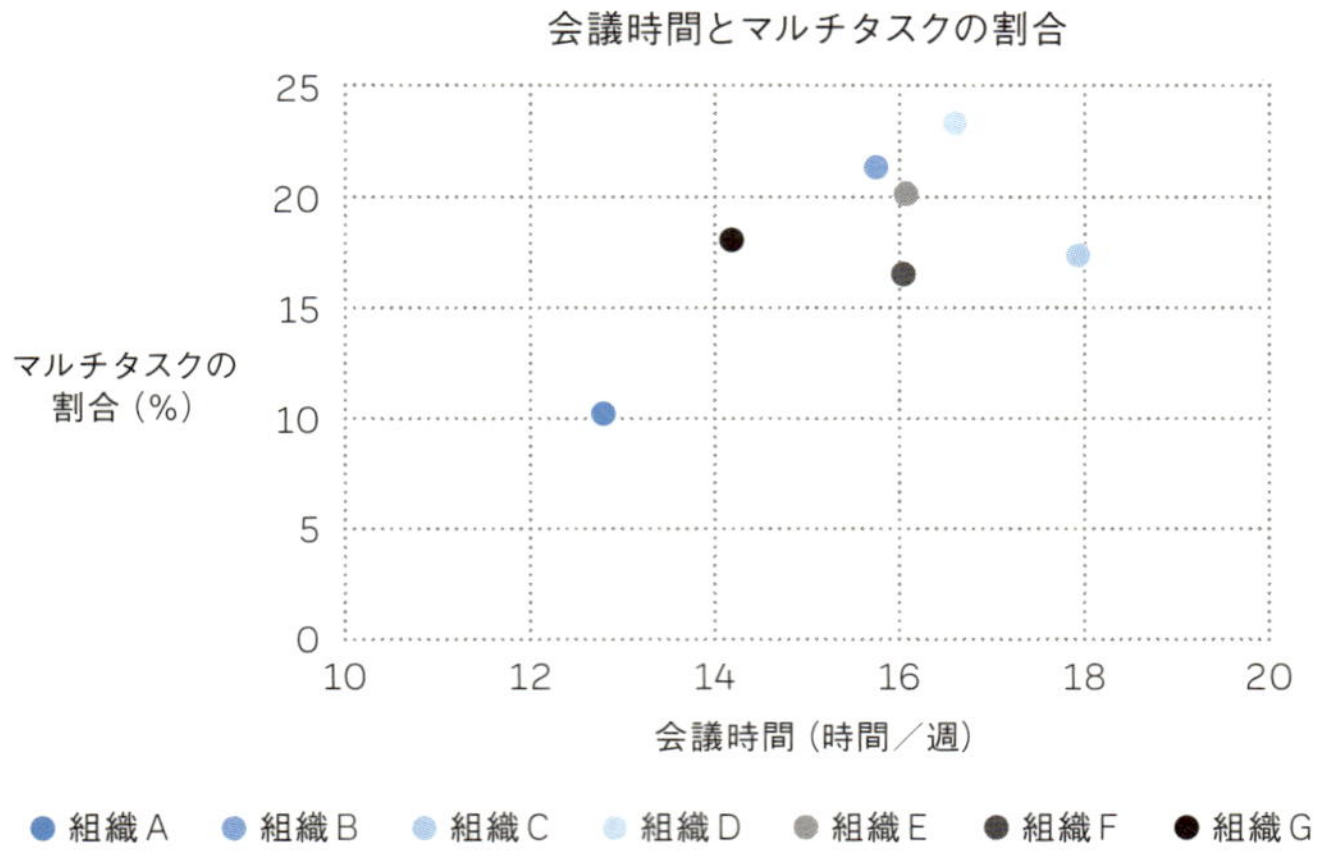

かけている時間が17％多く、参加人数も11％多いとのデータがあります。そのほかにも1週間におけるミーティングにかける時間が長い組織ほど、会議中の内職（マルチタスク）が多いというデータもあるようです（図21）。直感的になるほどと思える内容ですが、データ化されるとムダな会議を減らす必要性が理解できますね。

この結果を踏まえて、日本マイクロソフトでは、昨年夏の「週勤4日週休3日」のチャレンジにおいて、「会議は基本30分以内」「人数は多くて5人」とする取り組みを進めました。

結果、前年同月比で「30分会議」の実施比率の46％アップに成功しました。

おすすめは「1時間を超えないマネジメント」

これらのデータを見ると、「大人数」「長時間」「繰り返し」（定例会議のようなもの）の会議は、おしなべて社員のモチベーションを下げ、組織に対する信頼感を失わせているようです。

「30分会議」は効果的です。

1時間「1ユニット」でとらえ、会議も「1時間単位」を前提としている企業は少なくないでしょう。「確実に1時間で終わる」ならいいのですが、会議の準備をしたり、遅れてくる人がいたり、アイスブレイクをしたり、ちょっと話が長引いたりして、気がつけば1時間20分、トータル1時間半になっているケースもザラです。

30分と決まっていれば、開始のモタモタを減らす心理的効果もありますし、多少の延長があったとしても40〜45分で完了します。これが日常となれば、時間管理はしやすくなります。

日本マイクロソフトのように、いきなり「会議は30分」とはいかなくても、「1時間を超えない」「1時間のなかですべてを完了させる」から始めてみましょうか。1時間を超えないタイムマネジメント。そこから、30分にステップアップしていってください。

また、会議そのものの時間だけでなく、会議を開催するため、多くの人に連絡をしなくてはならないスケジュール調整も社員のモチベーションを大きく下げます。マイクロソフトでは社員のスケジュール(予定)表が公開・共有されており、会議開催の調整がしやすいです。ITを活用し、調整や準備の手間を省いていきましょう。

会議における「5つの要素」を明確にする

会議には「5つの要素」があります。

まずは「目的」。「決める会議」なのか、「意見を出し合う会議」なのか、「情報共有の会議」なのか。目的がクリアになると、「情報共有だけだったら、わざわざ集まらなくてもいいよね」と会議自体をなくせるかもしれません。

いかなる会議も、まず目的を確認しましょう。

2つ目は「インプット」。仕事とは、インプットを「成果物」「アウトプット」に変える行為です。会議も同じで、まず何をインプットするのか。ここをクリアにする必要があります。「議題」ももちろんインプットですし、事前に共有しておく資料や情報、当日

図22：会議の5つの要素

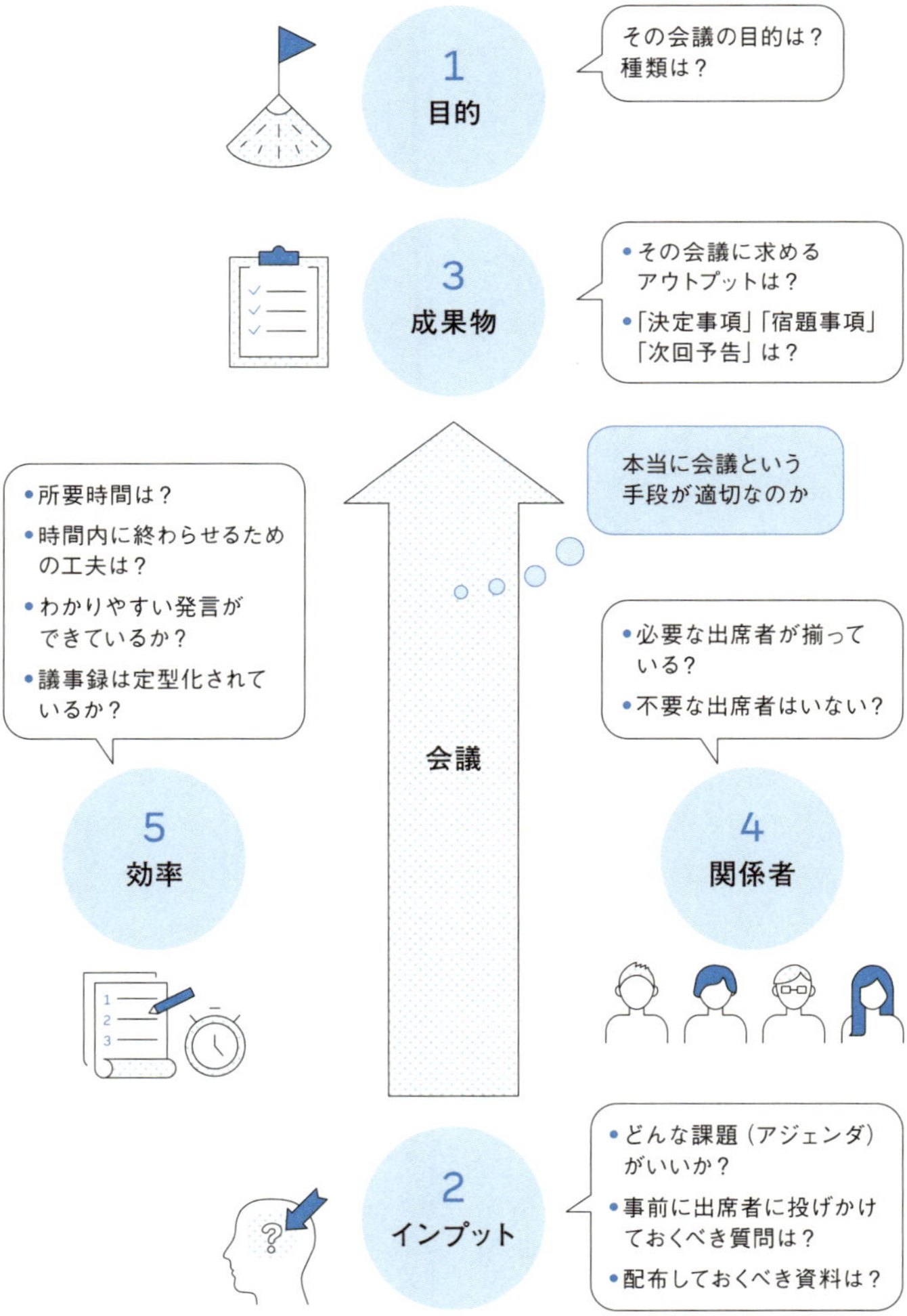

みんなで共有した方がいい記事があるなら、それらもすべてインプットです。

この会議のインプットは何か。

これがあいまいなまま始まると、リードタイムすなわち「認識合わせ」に時間がかかります。「30分会議」や「1時間を超えないマネジメント」をする上で、インプットの整備は非常に重要です。

リモート会議を嫌がる人のなかには、「インプットが十分に与えられてない」状況がよく見られます。逆に言えば、十分なインプットが与えられ、その会議でどんな話し合いがなされるのかがきちんと想定されていれば、「リモートでも大丈夫だよね」「電話で十分だよね」となりやすい。

また「目的」と同じように、インプットが十分なら「あとはそれぞれが意見をチャットに書き込めばいい」なんてこともよく起こります。

3つ目は「成果物」。その会議が終了したときに「参加者がどういう状態になっているのか」、その終了状態、完了状態を決めておきます。漠然と「予算案についての会議」ではなく、「予算案の２つのオプション案を決める」などのように、具体化しておきたいです。

マイクロソフトでは、大規模な会議や勉強会では、効果測定や次回に向けた改善のためのアンケートを採っていますが、その際もっとも大事なのが「成果物」に対する到達度ではないでしょうか。

４つ目は「関係者」です。成果物を出すために必要な参加者は誰か。あるいは、有効なインプットを与えてくれる人は誰か。その視点で「関係者」を決めていく。関係者の選別の意識を持つと、何より、不要な人を排除できます。
「大人数の会議」はモチベーションを落とし、生産性も悪い。会議から不要な人を除くのは重要、かつ効果的です。

５つ目は「効率」です。所要時間のセット、時間内に終わらせるための工夫、「わかりやすい発言ができているか」など、効率化につながる要素はたくさんあります。議事録を定型化するのも一つの方法です。こうした部分をあらかじめ決めて、共有しておく。それだけでも会議の効率は上がります。

まずは部署内の定例会議など、「身内」で日常的に行っている会議から、この5つの視点で見直してみてください。そして、できるところから改善していってください。

14 会議は別に集まってやらなくてもいい

リモート会議のもっともインパクトが大きい側面は「リードタイムの少なさ」かもしれません。

日本マイクロソフトで話を聞くと、会議やミーティングをセットする場合、対面でやろうとすると概ね5日〜1週間先になりますが、リモートであれば、場合によっては「今すぐ」もあり得ます。

私の経験でも、たとえば大企業の部長クラスとでも、最近はビジネスチャットでやりとりをしていますが、チャットの返信がリアルタイムでほとんど会話をしているような感覚でものごとが進みます。

その流れで、「ちょっとビデオ会議しますか?」くらいのノリで、すぐにミーティングが始まり、20分後にはその企業を巻き込んだ大きなイベントの日程やコンセプトが決まっている。

このスピード感はもはや当たり前。逆に言えば、このスピード感とコラボレーションのしやすさがなければ、ビジネスをしにくい時代になっています。

たまたまですが、日本マイクロソフトの取材中に、とてもリアルな現場に遭遇しました。

グローバル体制で運用しているシステムで不具合が発覚し、日本時間の夜中に対策チームがビジネスチャットで対応策を講じ始めます。必要なメンバーはどんどんチャットグループに呼ばれ、呼ばれた人は履歴を見ながら、即時に状況をキャッチアップしていきます。

異なる複数のチームのメンバーがリアルタイムで情報を共有し、対応を進めていきます。ときに有機的にリモート会議が立ち上がり、必要なメンバーがそこで話し合い、決定事項を共有していく。

その流れのすべてがマイクロソフトのアプリケーション「Teams」のなかで行われ、テキストベースのやりとりも、リモート会議の様子も含め、あらゆる情報を、後から加わった人がキャッチアップできるようになっています。

日本時間の朝には、不具合が解消するとともに、英語版の説明文書が完成し、日本語版のチェックに入るなど、このやりとりのスピード感と情報共有がごく当たり前なのです。

組織として「勝ちパターン」に即したチョイスができているか？

ここで取り上げたのは、やや極端なスピード感の話かもしれませんが、もっと身近なところでも、「対面の会議」が前提になっているがゆえに、余計な問題やロスが発生しています。

たとえば、会議の必須参加者から「今、埼京線が止まっていて、到着が20分遅れます」と連絡が入る。たったこれだけの理由で、参加者全員の時間をロスしたり、リスケになる場合もあります。

あるいは、「対面の会議」では誰かが会議室を押さえています。中小企業になると、十分な広さのある会議室は一つしかなく、その会議室の予定を融通してもらうために、他部署に交渉したり、参加者のスケジュールを取り直すなど、とんでもなく大きな労力と時間をロスしているケースも多いのです。

余談ながら、最近は人材の通年採用化に伴い、人事部が会議室や応接室を年間で押さえてしまっていて、その他の部門がお客様との打ち合わせができない。そのような嘆きも耳にします。場所がないから、仕事ができない。

リモート会議はこの問題を解決します。最近は、新型コロナウィルスの問題もあり、採用面接をリモートで行う企業も増えました。

もちろん、すべてをリモートにせよとは言いません。大事なのは「勝ちパターンに即したチョイスができているか」です。

「その対面の時間」は本当に必要なのか。企業や個人にとって、本当に勝ちパターンに即しているのか。

今一度、見直しておきましょう。

職場の科学

15 ハイパフォーマーほど「自分仕切り」の会議が多い

マイクロソフトのアナリティクス担当者によると「**ハイパフォーマーほど、自分発の会議が多く、自分が会議を仕切っている率が高い**」と言います。

発端としては開発部門と営業部門が行っている共同会議において、「どうも開発部門がイニシアチブを取って進めている場合が多い」との印象があり、調査が始められたそうです。

実際に「誰が会議を招集しているのか」を調べたところ、開発部門主導のものが多い傾向がわかりました。

さらに調査対象を広げてみたところ、成績優秀者、ハイパフォーマーほど自分発の会議をセットしているケースが多い傾向にある。そのような実態が見えてきたわけです。

このデータから私が感じるのは、ハイパフォーマーはそれだけ主体的に「会議を手段として」上手に使いこなしている点。

実際の会議の場でも、優秀な人は自分がリードし、ファシリテーターもできるので、会議そのものを有効に進められます。

そして、往々にして優秀な人は「自分が出た方がいい会議」を自分で取捨選択している。誰が開催する会議であれ、主体的に判断して「これには参加します」「これは出ません」とはっきり言えるのも優秀な人の特徴の一つ。

結果として、不要な会議に出る機会が減り、必要な会議は自分で率先してセットしていく。そのような働き方になるわけです。

ただ「自分発の会議」を乱発すればいいわけではない

「優秀な人は自分発の会議が多い」。さりとて、会議を乱発すればいいわけではありません。

会議案件に限らず、データドリブンの考え方はすべて同じですが、データが正しい行動を提示してくれるわけではありません。現状を客観的に示してくれたり、一つの傾向を見える化してくれるのは事実ですが、それを踏まえて、どのように活用するかはその人次第です。

自分発の会議を増やすことが目的ではなく、会議という手段を有効活用できるようになる。ポイントはそこです。

どのような組織でも、ある程度の役職になれば、自ずと「自分発の会議」は増えます。それが多くの人たちの時間を奪い、満足度の低い会議になっているケースも多々あります。

ハイパフォーマーが開催している会議とはどのようなものか。

もっと言えば、彼ら／彼女たちは会議をどのように最適化し、活用しているのか。

そこまで踏まえて、初めて価値が生まれるのではないでしょうか。

16 部門間の「コラボ度」を「見える化」するとわかること

部門・チームを率いているリーダーやマネジャーの人たちなら「他部署とのコラボレーション（共同作業）が大事」との意識を持っている人は多いでしょう。

しかし、実際に自組織のコラボ度＝部署をまたいで行われた共同作業の時間配分がどのくらいなのか。客観的なデータはなかなか手に入らない。

図23は「組織ごとのコラボ度」を分析したものです。

各部門を横軸で見ていくと「他部署とのコラボ度」が数値化されています。たとえば、『組織G』は73％が自組織内で完結しており、他部門では『組織B』以外とのコラボ度は

図23：組織間コラボレーションを見える化する

	組織A	組織B	組織C	組織D	組織E	組織F	組織G
組織A	30%	21%	6%	3%	6%	27%	6%
組織B	7%	38%	6%	1%	7%	31%	10%
組織C	2%	6%	60%	5%	16%	9%	2%
組織D	4%	2%	9%	48%	10%	24%	3%
組織E	2%	8%	16%	5%	60%	6%	4%
組織F	8%	30%	8%	7%	5%	36%	6%
組織G	2%	13%	2%	1%	3%	6%	73%

0-9%　10-29%　30-49%　50-100%

わずか数%。

一方『組織A』や『組織F』は自組織内でのコミュニケーションが50%を下回っており、他部門とのコラボレーションが活発であるのがわかります。

こうしたデータに着目した背景には、社内で「技術営業」と「サービス部門」の連携をもっと密にした方がよいのではないか、との議論が起こったことがあります。

技術営業とは端的に言えば、日本マイクロソフトのさまざまなアプリケーションやシステムを、企業や組織などに営業する部門です。

サービス部門は、契約した企業、組織に対して、実際の導入や運用をサポートする部門。

ユーザー登録をしたり、認証のしくみを作ったり、ネットワークを構築するなど、サービス部門によってクライアントは快適かつ有用にシステムを使用できます。

この2部門の連携は重要です。

技術営業が契約を取ってきたところで、サービス部門の活躍がなければ、結局クライアントは「あまり使えなかった」「効果を感じられなかった」などの理由で契約延長をしてくれない。そのようなケースも起こり得ます。

そうした課題を解消するために、もっと部門同士のコラボレーションを高めよう。その前に、そもそも「部門同士のコラボ度」はどうなっているのだろう。

このような背景から分析されたデータです。

コラボレーションが目的化してはいけない

「部門同士のコラボ度を高める」と言ったところで、実際に何をするのか。

日本マイクロソフトの担当者に聞いてみると、それこそ運動会を開催してみるとか、部門同士の成功事例を話す機会を設ける、合同のミーティングをセットする、飲み会をやってみるなど、意外とアナログな話も聞かれました。マラソン部やヨガ部など25のクラブ活動があり、会社もこれに対して活動補助として投資しているそうです。

どのような企業や組織でも、部門同士のコラボ度を高めるアナログな施策は行われているものです。前述した「社員、総当たりのランチ会」もその一つでしょう。

ただし、「コラボ」それ自体が最終目的ではありません。コラボを目指し、飲み会を開催して「みんなが仲良くなったね」ではダメなのです。これこそ「コラボごっこ」です。

部門としての方向性や改善点をクリアにするためのデータは有用です。

ただし、そこにKPIを設定し、「コラボを目指す」が目的化しないように注意しなければなりません。

マイクロソフトでは徹底してデータを追いかけていきますから、コラボ度が上がって、クライアントの満足度や契約延長の確率がどのように変化するのか。あるいは、社員の満足度や生産性がどのようにアップするのか。そうした実際的なデータまで追いかけていくからこそ、本物の意味が生まれます。

「コラボレーションが大事」とのメッセージには私も大賛成ですが、それ自体が目的ではありません。

これはコラボレーションに限らず、ダイバーシティの文脈でもよく聞く話です。「女性の管理職を○%にする」との数値目標だけを追い求め、本質が置き去りになるケースはよくあります。スキルや経験もなく、本人も「別に課長になんてなりたくない」と思っているのに、数値目標のためだけに課長に登用し、メンタル不調で休職にいたる事例も見てきました。

コラボレーションにしろ、ダイバーシティにしろ、目指している方向は決して間違ってはいません。

ただし、それが目的化すると、一気に思考停止してしまう。留意しておかなければならない点です。

また、本書で何度も述べている「勝ちパターン」の視点も大事です。

コラボレーション重視の名の下に、あらゆる部署、あらゆる人が同じレベルのコラボ度を必要とするわけではありません。

「コラボ度」の向上は目的ではなく、あくまでも「自組織にとっての勝ちパターンとは何か」を考え、実践できていることが前提です。

17 「外部の人が入らない会議」はモチベーションが下がる

「外部の人が入らない会議」は帰属意識も、イノベーションも、組織力も低下する。そのようなデータがあります(図24)。

組織にとって外部の存在はさまざまな価値を持ちます。身内では言えなくても、外部の人なら言える。そのような場面は多いでしょう。

私は複数の企業や組織、団体に「外部の人」として関わっていますが、「私たちには言えないことをよく言ってくれました」と感謝される場合も少なくありません。

また、組織で働く人から「これは沢渡さんにしか言えないんですけど……」と、外部

図24：モチベーションを下げる会議の傾向

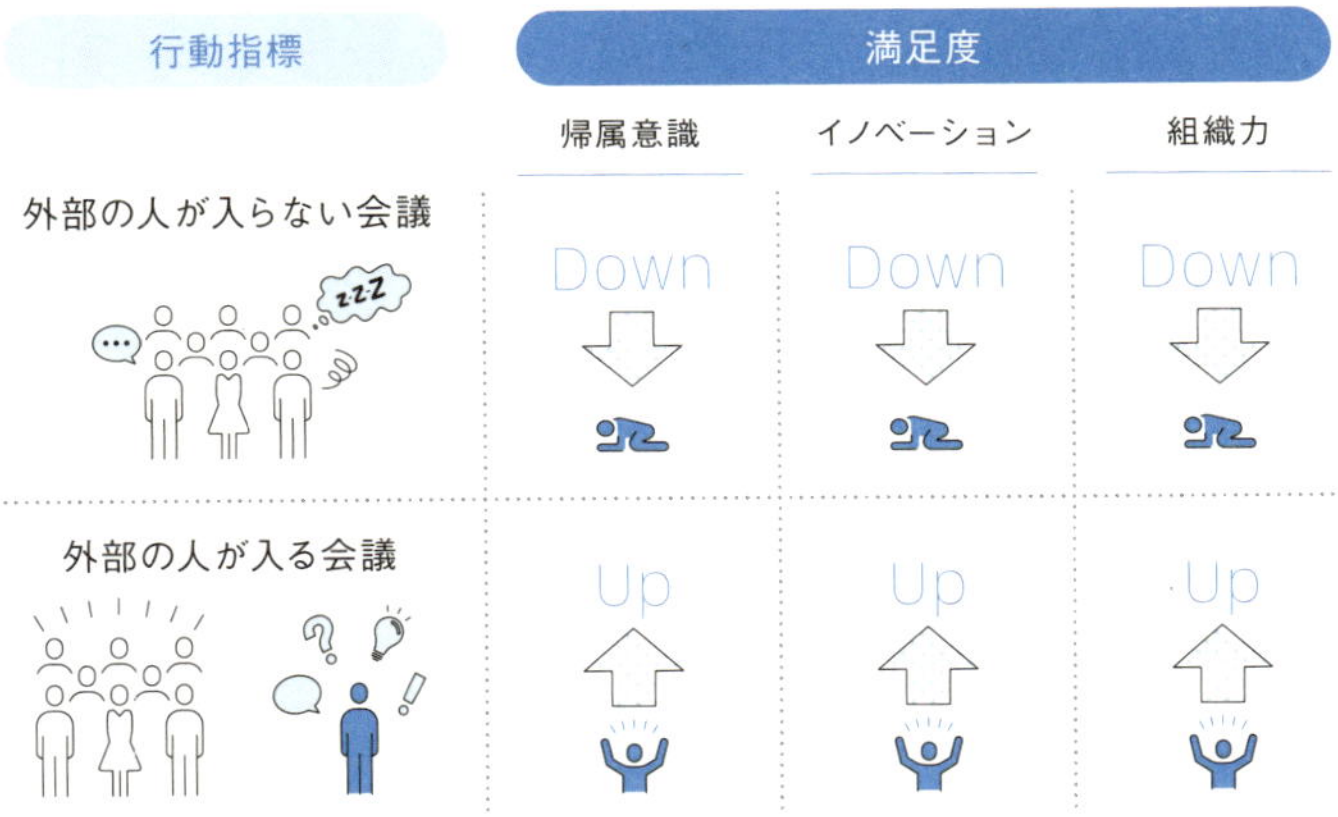

行動指標	満足度		
	帰属意識	イノベーション	組織力
外部の人が入らない会議	Down	Down	Down
外部の人が入る会議	Up	Up	Up

の人だからこそ打ち明けられる本音もあります。

外部の人は、組織の風習やしがらみがないゆえに、本音を引き出したり、真の問題を顕在化させるなど、新しい風を吹かせる存在になり得ます。

いつも同じメンバーでは多様性も限られますし、マンネリ感は否めません。人間関係も固定され、力関係も見えていますから、話し合いも予定調和になりがちです。

そのような会議が続けば、帰属意識、イノベーション、組織力などが低下しがちでしょう。たまには外部の人を入れて、会議の空気を変えてみてはいかがでしょうか。

外部の人によって会議が「学びの場」に変わる

さらにもう一つ。外部の人が入って会議自体が「学びの場」となる。そのような効果も得られるでしょう。

他部門の人が専門領域の話をしたり、社外の人がまったく新しい知見や情報、考え方などを持ち込んでくれると、それ自体が大きな学びとなります。近年、企業や組織に「自己成長」を求める人は多いですから、会議が「学び」や「成長」の場となれば、帰属意識や組織力も高めることができるでしょう。

ただし、なんとなく外部の人を入れて、なんとなく「いろいろな効果」を期待するだけでは上手くいきません。

112ページでも述べた通り、会議には「目的」「インプット」「成果物」「関係者」「効率」の5つの要素があります。これらをどのように設計し、どのような最終状態を目指していくのか。しっかりと設計しましょう。

会議に大事なのはストーリーメイキング。会議を設計する人は、ある意味、脚本家だと私は思っています。


会議における目的は何なのか。

どこに着地させたいのか。

そのために必要なプレイヤーは誰なのか。

必要なキャスティングとはどういうものか。

どのような人が入り、その結果としてどのような視点が会議に持ち込まれ、どのような知見を参加者に提供できるのか。


優れた会議の設計者はそのように考え、その一つのパーツとして「外部の人」を積極的に活用していきます。

会議の設計、ストーリーメイキングができていない人ほど、その他大勢を無作為に集めてしまい、多くの人の時間を奪うと共に、生産性が低く、モチベーションの下がる会議を作ってしまいます。

会議のストーリーメイキングに優れた人は本当に絶妙で、「これを内部の人が言うと、角が立つなぁ」とか、社長や専務など偉い人には「外部の人が言った方が刺さるだろう」などさまざまな思惑を持ちながら、巧みに外部の人を活用し、会議を活性化します。

余談ながら、映画『シン・ゴジラ』には、国難に直面しているとき、USAからやって来た石原さとみが「私の国では大統領が決める。あなたの国では誰が決めるの？」とズバッと言うシーンがあります。

まさに外部の人だからこそ言える象徴的なシーン。

まずは「会議の5つの要素」を徹底的に吟味し、会議全体の設計から始めてみてください。その際、重要かつ有用なパーツとして「外部の人」の参画も検討しましょう。

職場の科学

18

「定例会議」を減らす

「繰り返し会議」（定例会議）は多くの参加者が「イノベーティブではない」と感じる傾向が明らかになっています。

その感覚は至極まっとうだと思います。

問題は、なぜそのような不毛な会議がなくならないのか。

会議そのものの改善、再設計に関しては本書でも何度か述べているので「会議の5つの要素」（112ページ参照）をぜひ見直してみてください。

ここでは、「なぜそのような会議がなくならないのか」に焦点を絞って考えてみます。

図25：モチベーションを下げる会議の傾向（再掲）

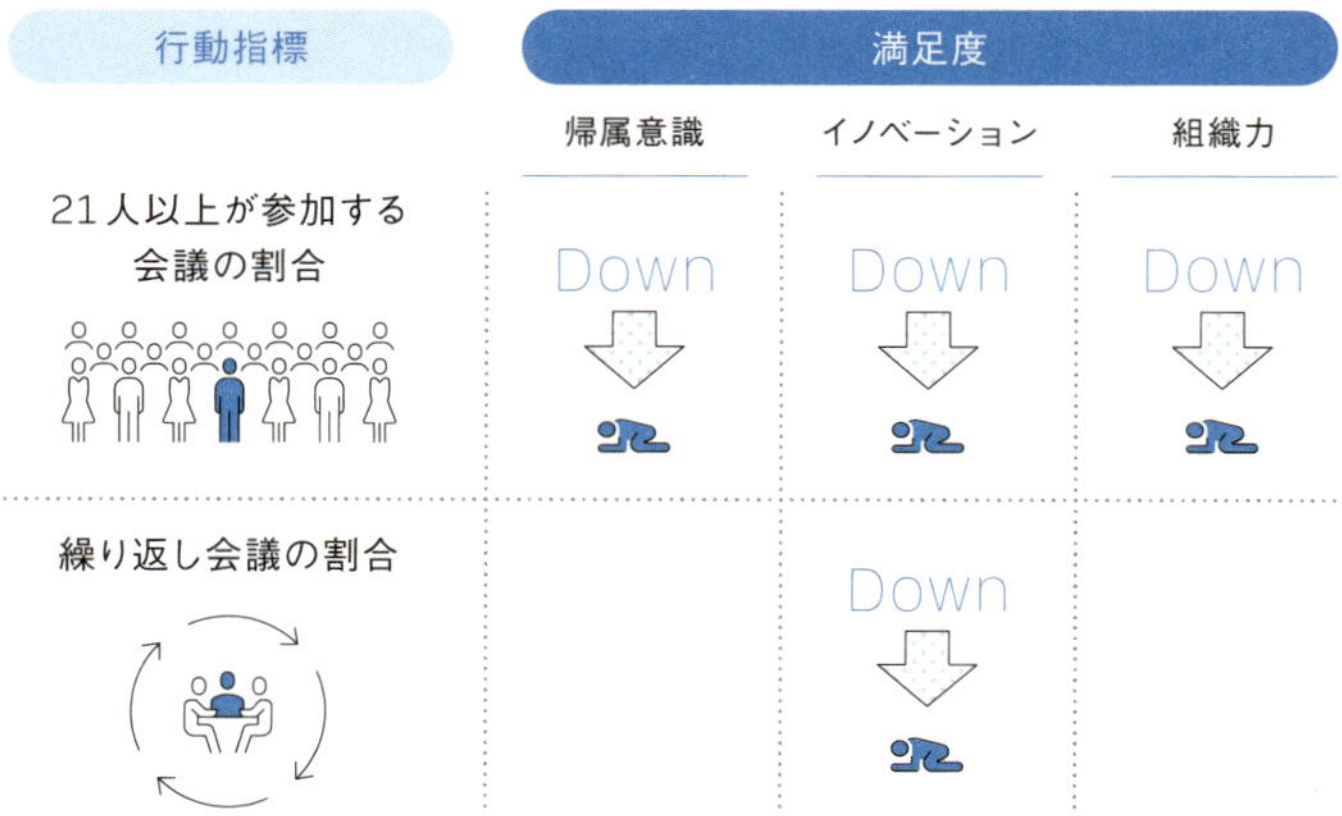

行動指標	満足度		
	帰属意識	イノベーション	組織力
21人以上が参加する会議の割合	Down	Down	Down
繰り返し会議の割合		Down	

みんな揃って思考停止している「おかしな現実」

一言で言えば、それが当たり前となり、思考停止しているから。「定例会議はムダだよね」「面倒だよね」と思っていても、それが当たり前の習慣で、開催そのものは誰も疑わない。疑っても声を上げない。多くの職場で起こっている現象です。

立場を分けて見ていくと、さらにリアルな現実が見えてきます。

まずは本部長。

本部長は会議の中心的存在であり、主導権を握っています。当の本人は「それらしいことを言うのが自分の仕事」と思っていますし、部下たちがきれいな資料を作るのは当たり前。自分が若い頃もそうしてきたし、きれいな資料を作るのは部下の仕事であり、上司に対する礼儀であると思っています。

続いて、部課長は「会議への参加」が自分の仕事だと思っています。会議に追い回されて忙しい日々ですが、それが「部課長らしさ」であり、仕事を「やっている感」にもつながっています。

会議の席で本部長の機嫌をとるのも仕事のうちで、本部長の進行に口を挟むなどもってのほか。会議が延長しようが、脱線しようが、あれこれ言う立場にはありません。社内向けとはいえ、きれいな資料を作成するのは本部長に対する礼儀であり、組織人として当然だと感じています。

そして、現場の担当者たち。「この資料作るの、ムダだよな」と思いつつも、それが仕事であり、それさえやっていれば給料が入ってきます。会議そのものも、眠気に耐えてさえいれば、給料が入る。生産性が低かろうが、何も決まらなかろうが、自分の責任ではありません。会議が長引き、残業になる場合もありますが、それも含めて給料にな

図26：残念な会議の傾向

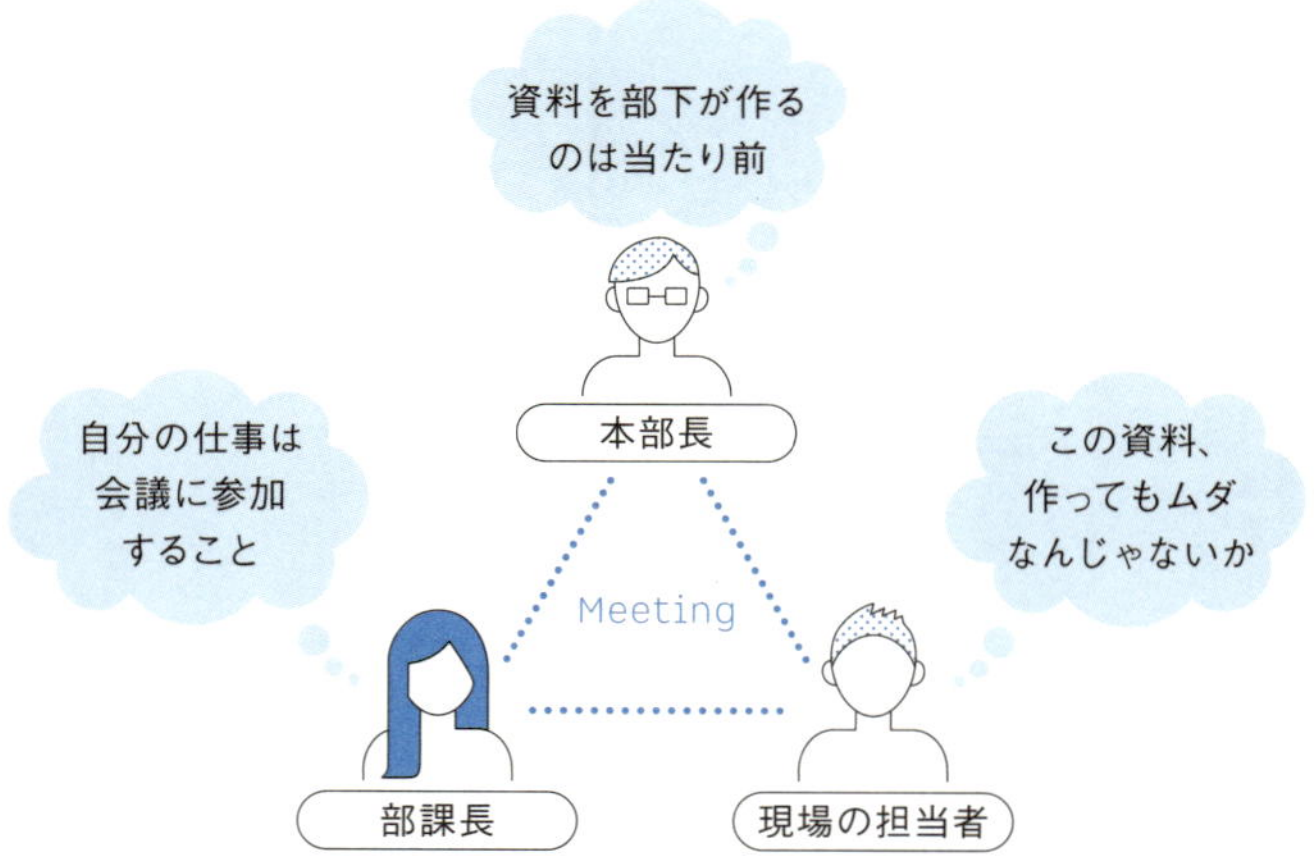

るので、資料作成を含めた会議全体が「体のいい消化試合」となっています。

こうした3者が思考停止で併存している限り、ムダな定例会議はなくなりません。多くの組織で見られる傾向ではないでしょうか。

定例会議を2割削減した「会議裁判」とは？

ここで、ある地方の信用金庫で行われているユニークな取り組みを紹介します。

その名も「会議裁判」。

支店長がファシリテーターとなり、行員たちを集め、現状行われている定例会議をすべてホワイトボードに書き出します。

その一つ一つを「これはなくせないか?」「もっと減らせないか?」「ウェブで十分ではないか?」など、どんどん会議を裁いていきます。

結果、この信用金庫では定例会議の2割削減に成功しました。

私は「改善とは仕事を科学すること」だと捉えています。

仕事、業務を一度は見える化して、俯瞰する。その上で向き合い方を決める。科学的な見直しこそ、改善の基本です。

普段、何気なく仕事をしていると、頻繁に定例会議が入ってきますし、どんどん増えていきます。新しいプロジェクトが始まれば、プロジェクト会議をして、新しい課題が見つかれば検討会議をする。

なし崩し的に仕事を増やすのではなく、まずは書き出して、見える化して、客観視してから、向き合い方を決める。

これが改善の大前提です。

向き合い方を決めるとは、「これは不要ではないか」「時間や頻度は適切か」「ウェブで十分ではないか」「ビジネスチャットで情報共有すれば済むのではないか」、あるいは「もっと時間をかけて取り組んだ方がいいのではないか」などを検討し、決定することです。

見える化せず、向き合い方を検討せずに仕事をしていれば、どんどん非効率になり、ムダが増え、「ごっこ」が蔓延するのも当然です。せめて年に一度くらいは「会議裁判」をやって、向き合い方の再検討をして欲しいと思います。

仕事は生き物で、常に変わり続けています。だからこそ、常に見直す意識が必要です。特に会議に関しては、計画的になくしていきましょう。

職場の科学

19 「負荷の高い会議」を「見える化」する

会議の面積を減らす。

これは私が言い続けている表現ですが、「会議の面積」とは「人数×時間」。多くの人が参加している会議が、長時間続けば、それだけ面積は大きくなります。日本マイクロソフトでも「負荷の高い会議」との表現で、同じ視点のデータを取っています。

図27では、組織ごとに「1回あたりの会議時間」「会議の参加人数」「繰り返し会議の割合」を示しています。

図27：会議の状況

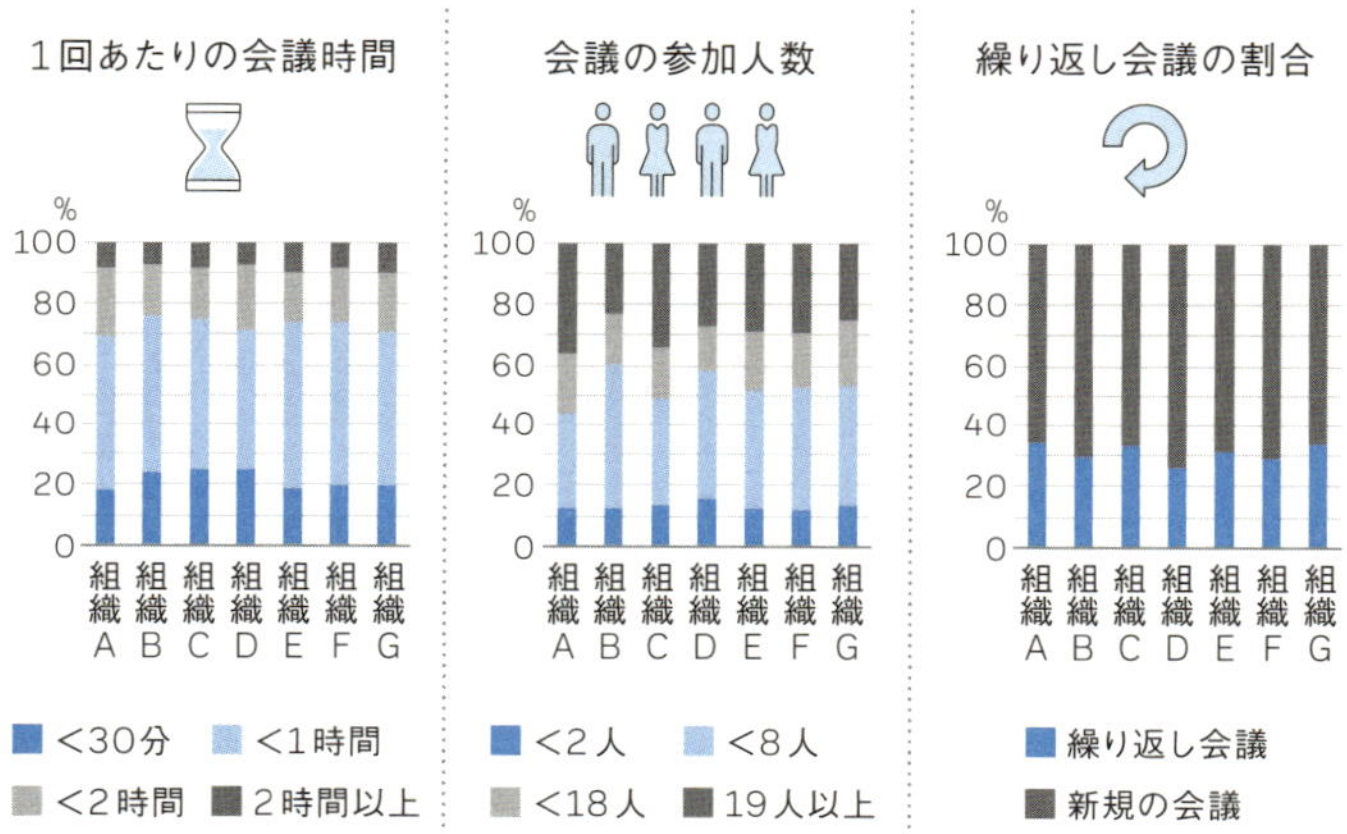

たとえば「組織A」では、1時間以上の会議が30％行われており、19人以上が参加する会議は40％近く。他部門と比較して「会議の面積」がいかに大きいかがわかります。

こうしたデータをはっきり見せられると「ウチは2時間以上の会議がこんなに多いのか……」「参加人数を減らした方がいいかもな……」などと感じるでしょう。

さらに図28は製造業事例のデータですが、「会議に何時間（年）かかっているのか」と「人件費がいくらになるのか」を調べたものです。

会議が1年に30万時間、人件費は34億円かかっている事実がわかります。数字だけを見てあれこれ評価してもあまり意味はありませ

図28：経営層向けの報告に費やされる時間（製造業事例）

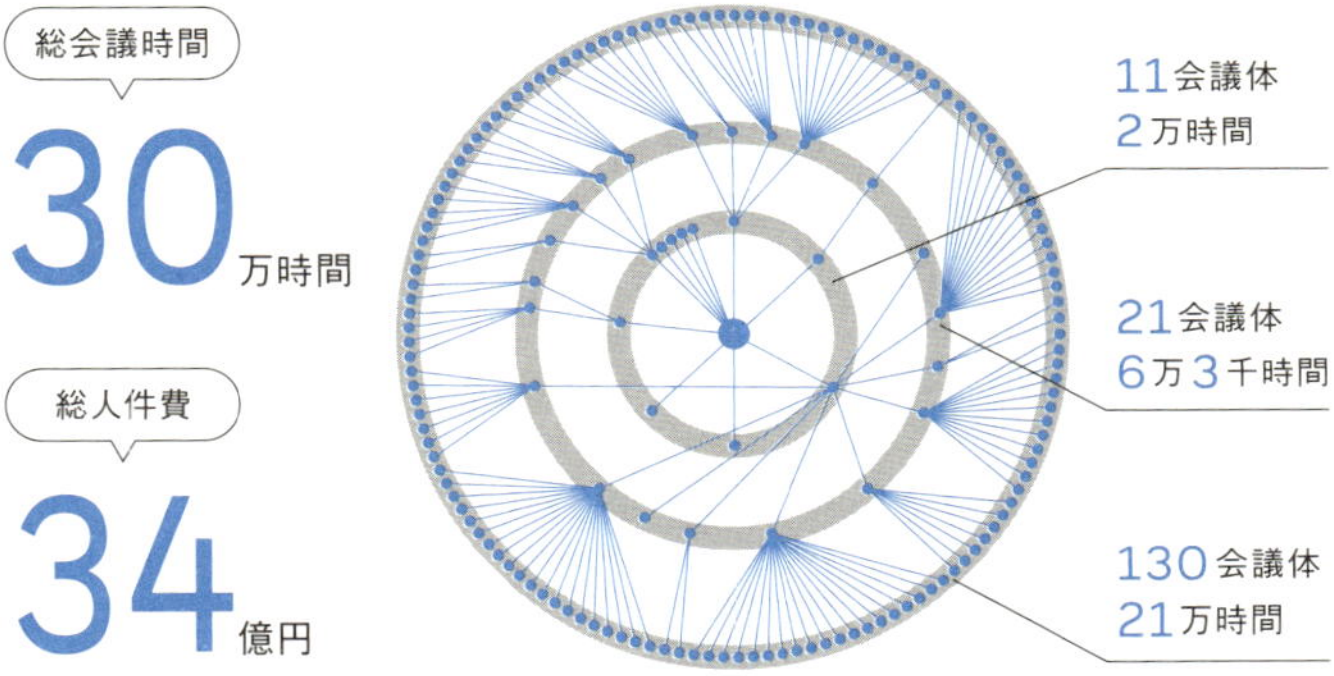

出典）https://hbr.org/2014/04/how-a-weekly-meeting-took-up-300000-hours-a-year

んが、膨大な時間とコストがかかっているのは明らかです。

コスト削減の観点からも、「会議の面積」の削減は有効なアプローチの一つです。

「主観」と「客観」の両方がなければならない

業務を改善する際、私はよく「主観と客観の両方を持ちましょう」と言います。

「会議時間が月に20時間におよぶ」「20人が会議に参加している」のは客観的な事実です。それが「良い」「悪い」などの判断はデータが示してくれるわけではありません。

なぜ、会議時間が月に20時間におよぶのが問題なのか。

どうして、20人が会議に参加しているとマズイのか。


こうした問いに答える「主観」も必要です。

たとえば、私は常々、「役員会議こそ会議の面積を減らした方がいい」「リモートに切り替えた方がいい」と主張しています。それは、その場にいない部下たちの時間をも消費するからです。

役員会議を開催する場合、部長クラスが同席する場合も多く、どうしても人数が増えがちです。会議のコストもさることながら、役員や部長クラスが会議室に閉じこもり、何時間も音信不通になると、部下たちの「待ち時間」が発生します。

部長の承認を得なければ営業先に答えられない案件があったり、突発的に起こった問題に対して判断を仰ぎたい場面など、意思決定者の不在はそれだけで部下の時間を奪います。これがせめてリモート会議なら、会議中でも「ちょっと緊急の案件なんですが」と部下も声をかけやすくなります。

「上司の不在を生んでいる会議」は、こうした多くの弊害を同時に発生させているからこそ改善が必要で、改善した際の影響も大きいのです。

こうした一つの「主観」に対して、「役員会議の総時間」「参加人数」など具体的なデータが付加されると、問題が見える化され、議題としてテーブルにのせやすくなります。

これが「主観」と「客観」の両輪です。

「仕事の見える化」に対して「言える化」と私は表現していますが、客観性を持たせることで、起こっている問題をきちんと言えるようになるのです。

「こんな問題が起こっている」「これは問題だから改善したい」は主観です。それを裏付けし、組織を動かすために必要なのが「客観」です。

「主観なき客観」は弱いですし、「客観なき主観」もまた説得力がありません。

まずはマイクロソフトのように会議を定量的に見える化をし、「負荷の高い会議」を洗い出すのもよいのではないでしょうか。問題の「言える化」につながるはずです。

20 上司の人脈が広いと部下の満足度も上がりやすい

どのような上司だと部下は満足度が上がるのか。

人によってさまざまな条件、思いがあると推測しますが、ここで取り上げるのは「上司の人脈の広さ」です。

「上司の人脈が広い」と、部下の満足度が高まるとのデータが出ています（図29、図30）。

アナリティクスの担当者によると、部下自身が、上司以上に広い人脈を持つようになると、上司へのロイヤリティ（尊敬、愛着、信頼）は下がっていく傾向も見られるそうです。

本書で繰り返し述べている通り、今や「答えがない時代」です。発生した問題について、

図29：上司の社内人脈とモチベーション(1)

行動指標	満足度		
	帰属意識	イノベーション	組織力
人脈の狭い上司	Down	Down	Down
人脈の広い上司	Up	Up	Up

図30：上司の社内人脈とモチベーション(2)

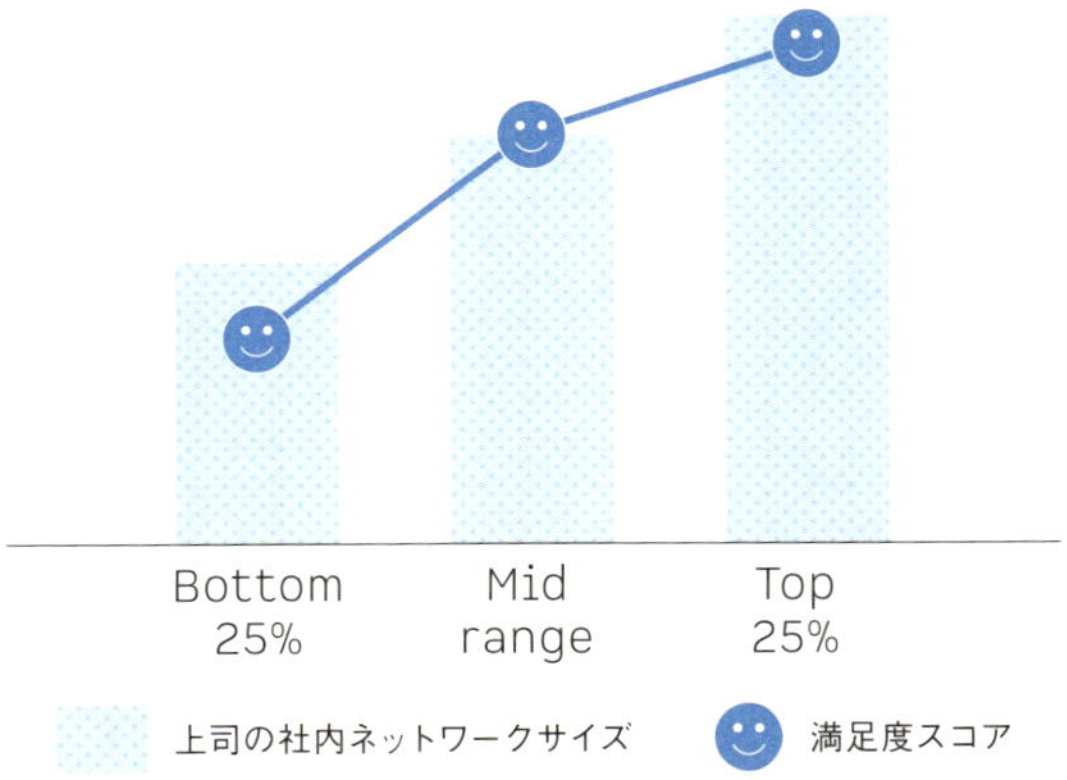

部下はもちろん上司も解決策を持っていないことも。その解決策は、多様なコラボレーションのなかで見出していくしかありません。

だからこそ、上司がどれだけの人とつながっているか、どのような人とコラボできるかは、その人のスペックそのものになってきます。

部下にしてみれば、その上司の価値や周囲からの尊敬度などが、普段の仕事を左右する一つのパラメータにもなります。

ただし、この解釈には注意が必要です。

「人脈が大事」と言うと、すぐに「おれはこれだけの人脈を持っている」とふんぞり返って自慢したり、つながりそれ自体を目的化する人が出てきます。

私のところにも、人脈目的で近づいてくる人がいますが、はっきり言って迷惑です。こういうスタンスは逆に協力者を失いますし、その人自身も、場合によってはその人の組織のブランドイメージも損ないます。

ここで言う人脈とは、そのような「上辺だけの名刺集め」や「SNSでつながっている人数」ではありません。

上司が積極的に外へ出て行くメリットとは？

上司、リーダー、マネジャーが率先して外に出て、人とのつながりを増やしていくことには多くのメリットがあります。

1つは、部下や組織に還元できる点。

部下が困っているとき、「この技術はうちにはないけど、以前、勉強会でこんな人に会ったから紹介しよう」と自らの人とのつながりを掘り起こして、問題解決のきっかけを提供することができます。

あるいは、「今度こんなセミナーに参加するけど、一緒に行かない？」「こんな人と会うので、同席しない？」と部下やチームのメンバーを巻き込むこともできます。

こうした「橋渡し」によって、結果として部下や組織のレベルアップに貢献する。大きなメリットです。

2つ目は「部下自身が外とのつながりを持ちやすくなる」です。

私がNTTデータに勤務していた頃の話。当時の上司は積極的に外へ出て勉強会に参加したりと、他社の人と意欲的につながっていました。

基本的には終業後に出かけていたのですが、午後4時前後に会社を出ることもありました。定時に出発するのでは、フォーラムや面会の開始時間に間に合わないためです。

その上司は自分の学びや、持ち得た人脈を積極的に仕事に還元しており、誰も文句を言う人はいませんでした。

この上司は、自分が外へ行くだけでなく、私たち部下にもどんどん外に出て行くことを推奨し、融通を利かせてくれました。

その結果、「私も外に出ていいんだ」「外から学ぼう」――このような雰囲気が職場内に広がり、学ぶマインドセットが醸成されました。

そのような上司を間近で見ていれば、「自分ももっと外の人と関わろう」と思いますし、「こんなセミナーに行きたいんですけど……」と言いやすくもなります。

「部下が上司を超えていくとき」組織は何を評価するのか

（部下自身が）上司の人脈を超えるとロイヤリティが下がる。この点を探掘りしてみましょう。

上司も部下も外との接点を増やす。その価値は前述した通りです。そして、部下が人脈を増やすことができた背景には、上司の後押しがあることでしょう。

組織として、その側面も正しく評価して欲しいと私は思います。部下の人脈が上司の人脈を超えたとしても、それは上司の理解と後押しがあってこそですし、その上司の行動は評価されるべきです。

上司は、人脈の広さも含め、常に部下より優秀な存在でいる必要はありません。むしろ、上司を超えていくような人材を育てることこそが価値。

大事なのは「邪魔をしない」。上司がやっかんで、部下の成長の足を引っ張る。まるで子どものケンカです。

部下の成長は、上司の功績です。ぜひ背中を押してあげて欲しいと思います。それも大事な組織への貢献です。

職場の科学

21
優秀なマネジャーほど「部下の仕事のばらつき」が少ない

マイクロソフトのアナリティクス担当者が「優秀なマネジャーほど部下の仕事のばらつきが少ないんですよ」と話していました。

それぞれの部下の状況に合わせて、質・量の最適配分を行えるのが優れたマネジャーである。言われてみれば「たしかに、そうだろう」と感じるところですが、徹底したデータドリブンの視点で言われると、非常に説得力があります。

部下の仕事の配分をどうするか。

特定の人の労働時間が極端に長いのは問題ですし、業務を遂行するにあたり、優秀な個人への依存度が高いのは組織の脆弱性にもつながります。

優秀な人に仕事が集まるのは世の常ですが、まずは部下それぞれが「どのような仕事を、どのくらいやっているのか」をきちんと把握する。すべてはそこからです。

少ない人数で、効率よく、チームとしての業績を上げるためには、上司がいかに適切な仕事配分をするか。あるいは、リモートワークでも十分な業績を上げられるような、適切な仕事の任せ方ができているか。

その一丁目一番地が、業務量の把握です。

部下の状況に合わせて「仕事の量と質」の最適配分を決める

ただし、仕事の配分を「量」や「時間」だけで捉えてしまうのは問題です。

部下それぞれの状況やライフステージ、能力なども踏まえ、「仕事の量」のみならず「質的な側面」も考えなければなりません。

量をこなす過程で仕事に慣れ、スピードを上げるなど、成長を期待するステージの部下もいれば、今は子育て中なので「限られた時間で、できる仕事をやりたい」と言う人もいます。仕事の内容にかかわらず、長時間働いて生活費を稼ぎたい人もいれば、時間とは関係なく、もっとクリエイティブな仕事に関わりたい人もいます。

こうしたさまざまな状況を踏まえ、いかに仕事を配分するか。

上司やリーダーの重要な役割ですし、本来的には、こうした能力に長けた人こそリーダーに据えるべきではないでしょうか。

だからこそ、上司が「部下のキャリアビジョン」や「キャリアプラン」に積極的に関わっていく必要があるのです。プライベートを含め、個人のライフステージ、キャリアパスなど、さまざまな状況の共有によって、その部下にとっての最適な仕事配分（質、量）が決まっていくのです。

仕事を任せる際に気をつけたい「3つのポイント」

上司が仕事の配分を行う際、気をつけたいポイントは3つです。

1つ目は「部下が何をやりたいのか」「得意・不得意」の把握です。

部下自身が「どのような仕事をやりたいのか」は、キャリアプランとも大いに関係してきます。上司は部下とコミュニケーションを重ね、把握する必要があります。

その際、部下の得意・不得意を理解しておく。得意な仕事を任せれば、質・量ともに高いパフォーマンスを発揮してくれるでしょうし、部下に成長して欲しい部分も明確になります。

また、仕事がうまくいかなかったとき、「何が問題なのか」を把握しやすくなります。本人の能力の問題なのか、その業務をとりまく外部環境の問題なのか、あるいは単純に量が超過していたのか。

「この部下は何が得意で、何が不得意なのか」「どのような仕事ができて、どのような仕事ができないのか」(あるいは、時間がかかるのか)を把握していれば、問題の切り分けがしやすくなります。

2つ目のポイントは「部下がアラートを上げやすい環境を作る」です。

私が支援をしている企業でも、問題を抱えているのに上司にアラートを上げられない。

そのような人はいます。「声をかけにくい雰囲気」「忙しいから邪魔してはいけない」など、さまざまな理由がありますが、部下に仕事を振り、それが最適かつ健全に遂行されるためには、「アラートを上げやすい環境」「その関係性」は必須です。

大げさなしくみ作りをしなくても、たとえば、朝のミーティングのやり方を少しだけ変えてみるとか、上司から声をかけるタイミングを工夫するとか、折を見て「1オン1」をやってみるなど、コミュニケーションのやり方を変えてみるだけでも、アラートは上げやすくなります。

避けなければならないのは、部下がアラートを上げたときに「無能扱いする」「説教する」こと。部下は、ますますアラートを上げにくくなります。

3つ目は「上司の役割を明確にする」です。

上司の役割にはいくつかのパターンがあります。「サポートの立場を取る」のか「自分が牽引する立場」なのか。部下に判断を任せるのか、やり方は部下に任せて判断は自分がするのか。

このように「その仕事における上司の役割」を明確にしましょう。部下の側からすれば、「上司の使い方をはっきりさせる」とも言えます。

上司の役割を明確にして共有しておかないと、部下が過度に仕事を抱えてしまったり、上司に依存しすぎてしまったりと、仕事が上手く回らなくなります。

本書でも「初期のコミュニケーションには時間をかける」と述べましたが、最初の段階で「上司の役割」「部下の裁量」、仕事の進め方、確認の仕方などをきっちりと共有しておくと、お互いのモヤモヤが軽減されます。

職場の科学

22 上司と部下の「1対1の面談」はやはり重要

外資系IT企業と聞くと効率重視の働き方や、ドライな風土のイメージを持つ人も多いかもしれません。しかし、マイクロソフトは上司と部下との「1オン1」（1対1のコミュニケーション）を重視しているそうです。

では、そもそもなぜ1オン1が大事なのか。そうしたリアルな職場の実態を調査、分析したデータがあります。

マイクロソフトによる調査では、入社1週目に上司と1対1の面談を実施した新入社員は、より大きな社内ネットワークと高い「巻き込み力」を持つようになる傾向が顕著であることが判明したそうです。社内ネットワークが拡大すると、組織への愛着が高くなり、本来の自分を維持しつつ、そのチームへの強い所属意識を持つことができるようになることが、データからわかっています。

では、実際に「上司との1オン1」ではどんな話をしているのでしょうか。

上司との面談で「自分の裁量」を理解してから、仕事にかかる

日本マイクロソフト（特に若手）の社員たちに聞いてみると、「上司との面談」は「自身の裁量をきちんと理解する」「自身の裁量幅を広げる」意味合いが大きいと言います。

上司と部下の面談と言うと、「経験・スキルが足りない部下を上司がフォローする、育成する」など、補う側面をイメージする人もいるかもしれません。

しかし、今回の調査で見えてきたのは、「（優秀な）部下に十分な裁量を与える」「向かうべき方向をきちんと共有する」など、ポジティブな側面です。「優秀な部下、経験豊富な部下は放っておいていい」とは真逆の考えです。

マイクロソフトでは2週間に1度の「1オン1ミーティング」と、年に3回程度の「コ

図31：「コネクト」と「1オン1」

Connect
コネクト

3か月に1度（推奨）、期初に設定した個人目標の達成状況を確認し、どうすればよかったか、さらに改善するためには今後どうすればよいかを上司と1対1でディスカッションするミーティング

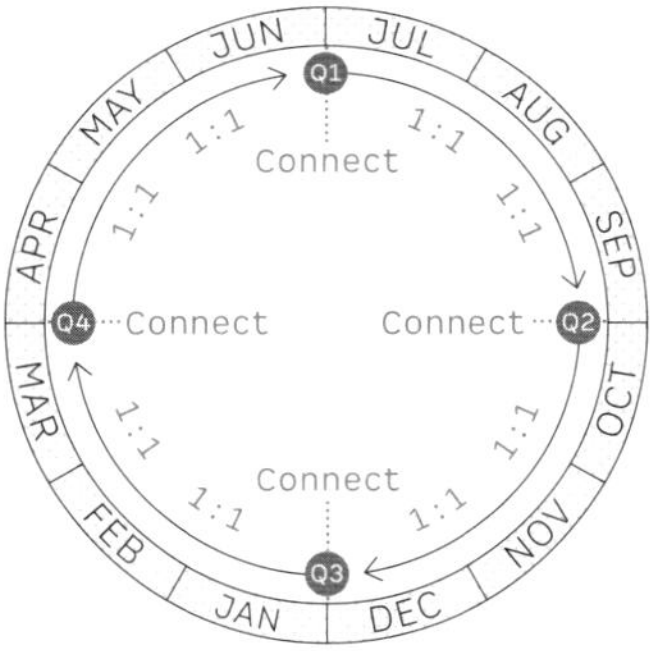

1:1
1オン1

2週間に1度（推奨）、上司と部下が日々の業務の進捗、キャリア等についてディスカッションする1対1のミーティング

ネクト」と呼ばれる上司と部下の面談を全社員に推奨し、実施しています（図31）。

2週に1度の「1オン1」では、日々の業務の進捗確認に加え、部下自身のキャリアについてもディスカッションしています。

3か月に1度の「コネクト」は、期初に設定した個人目標の達成状況を確認し、「どうすればよかったのか」「さらに改善するためにはどうすればよいのか」などを話し合う場です。

上司と部下のコミュニケーション不足が「仕事の手戻り」を生む

上司と部下の面談において、重要なのは「手戻りを少なくする」ことだと私は考えています。さまざまな企業、職場、部門の人たちを見ていると「仕事の手戻り」は非常に多く、効率化やモチベーションアップの障害となっています。

上司の立場からすれば、「そうじゃない！」「こういうイメージで言ったはずなのに……」「そこまでやらなくていいのに……」と感じることはよくあるでしょう。

一方、部下にしてみれば「あなたがいいって言ったから、走り出したのに……」「そういうことなら、最初から言って欲しかった」と文句の一つも言いたくなります。組織で働いている限り、誰もが感じるストレスです。

こうしたやりとりを続けていると、次第に信頼関係は薄れ、結果として「頻繁に報告する」「いちいち上司に確認する」「上司は、部下の行動を一つ一つを徹底管理する」監視型マネジメントに傾いてしまいます。

統制型かつ性悪説のマネジメントです。

お互いにとって、手間もストレスも多く、効率も悪い管理方法です。

ここで考えて欲しいのは、上司と部下の関係において「増やすべきコミュニケーション」と「減らすべきコミュニケーション」は何かということです。「増やすべきタイミング」と「減らすべきタイミング」と置き換えてもいいでしょう。「ただコミュニケーションが増えればいい」わけではありません。「1オン1ごっこ」には意味はないのです。

「密なコミュニケーション」が必要な場面とは？

実際、どのようなときにコミュニケーションを増やした方がいいのか。

とりわけ私は、「仕事の初期」（新しい仕事を始めるとき、新しい関係性が始まるとき）の信頼関係構築には時間をかける必要があると考えています。

「仕事の初期」には、企業のビジョンやミッションなど大きなものについて話す必要もありますし、そこまで大げさな共有を必要としない場面でも、仕事の目的や方向性、進捗確認の仕方など、すり合わせておきたいもの。

初期段階のコミュニケーションが不十分だと、「仕事の手戻り」→「相互不信」→「ストレスが多く、非効率なマネジメントスタイル」の、負のスパイラルに陥ります。

初期でのコミュニケーションが密であれば、お互いの考え方や仕事の進め方、スタンスなどを十分にすり合わせることができます。日本マイクロソフトの若手社員たちが言っていたように、「仕事における裁量の理解」であったり、「裁量幅を広げる」にもつながります。

最近はリモートワークを取り入れる企業も増え、新型コロナウィルスの問題が起こってからはその動きは加速しています。

リモートワークを効果的に実施するためにも考え方は同じです。

物理的な距離が離れ、直接的な行動管理ができなかったとしても、初期段階でのコミュニケーションが密で、方向性や役割が相互認識できていれば、お互いが安心して仕事を進められ、ムダなコミュニケーションに煩わされなくなります。

23 フリーアドレスでも、結局「同じ場所」で仕事をしてしまう

フリーアドレスを導入する企業も増えています。

マイクロソフトには「ファシリティ（設備）」と呼ばれるレイアウトを考えたり、デザインを変更するなど、職場の環境整備を専門にしている人がいます。

マイクロソフトでもフリーアドレスを導入していますが、導入すればすぐに活発なコラボレーションが生まれるかと言えば、そうではありません。

自分のロッカーのあるフロアで仕事をする方が便利なので、どうしても、いつも決まった席、決まったメンバーの近くに座ってしまう。よくある話です。

本部長が座ると、なんとなくその近くに部長が座って、それに倣って他の部長たちも

近くに座る。特に決まりがなかったとしても、そのような形が習慣となり、思うようなコラボレーションを生まなくなってしまう。あるいは、フリーアドレスなのに、同じ部署の人たちが集まって、なんとなく他部署の人は座りにくい。

「フリーアドレスあるある」ではないでしょうか。

マイクロソフトでは「コラボレーションを促したい」狙いから、オフィス設計においても、もっと自由に、もっといろんな人と関われるよう考えられています。

ペーパーレス化もその一つ。実際、話を聞いた担当者によると、ペーパーレス化が進むと、仕事をする上で必要なのはほとんどPCだけとなり、そのPCは携帯するため、ロッカーへ行く必要がなくなったと言います。ある人は「ロッカーにあるのは過去に仕事をした思い出の品くらいで、一年以上自分のロッカーへは行ってません」と話していました。

会社に自分のデスクがあって、机の上や引きだしに書類が溜まっている人には考えられない状況でしょう。デジタル化、ペーパーレス化が進めば、それだけ身軽に仕事ができるようになります。

つまりは、紙が人を縛りつけているのです。

「紙文化」はリモートワークの妨げにもなりますし、せっかくのフリーアドレスも価値を減じます。フリーアドレスやリモートワークなど、新しい働き方を実現するには、ペーパーレス化もセットでやる。これが基本です。

「フリーアドレスは万能」ではない

もちろん、フリーアドレスも万能ではありません。

マイクロソフトの担当者も「毎日、違う場所で働く状況にストレスを感じる人もいる」と話しています。

人事、総務、経理、広報など共通の間接業務を担う人の場合、「同じ場所にいてくれた方が便利」な場合もあるでしょう。また、短期間で問題解決をしなければならないプロジェクトなら、便宜的にも、一体感を高める意味でも、常にメンバー全員で集まって、同じ場所で仕事をするメリットは大きいでしょう。

さらに言うと、着任して間もない新人、転職、異動をしてきた人にとっては「部署内の人間関係構築」を早期に進める必要があり、場所が固定されている方が何かと合理的です。

実際、先進グローバル企業でも、固定席を基本としながら、オープンスペースやソファスペースなどをすぐ近くに設置し、自由に行き来ができる「部分的なフリーアドレス」を採用しているケースもあります。

職場環境においても、勝ちパターンはそれぞれで「これが正解」と呼べるものはありません。マイクロソフトが掲げるように「選択肢の保証」が大事なのです。

フリーアドレスと「メンタルヘルス」

フリーアドレスというと、自由で、クリエイティブな職場イメージを持つ人も多いかもしれませんが、メリットはそれだけではありません。

たとえば、メンタルヘルスの効果。

ウマの合わない上司や同僚がいる場合、固定席では「そこにいること」自体がストレスで、メンタル不調の原因になり得ます。その点フリーアドレスなら、上司や同僚との距離を意識して保つことができます。

「上司の声が大きい」「話し方が威圧的」など上司に悪気はなかったとしても、人間同士のコミュニケーションですから、それが相手にとって耐えがたいストレスになる場合もあります。

あるいは、匂いの問題も見逃せません。

喫煙者の匂いは、非喫煙者にとって大きなストレスになり得ますし、香水の匂いがキツイ、体臭が気になるなど、一度気になってしまったら集中して仕事をするのは難しくなります。

フリーアドレスにすれば、そうした問題も軽減できると考えています。

もう一点、フリーアドレスには「レイアウト変更がしやすい」「引越しが容易」などのメリットがあります。

固定席がないので、引越しの概念がなく、部署やプロジェクトごとに自由に集まったり、離れたり、新しい人を加えたり、外部の人と関わるなどフレキシビリティは非常に高まります。

経営サイドからみれば、レイアウト変更や引越しの対応が減るため、コストダウンにもつながります。

働き方改革の文脈だけでなく、リモートワーク、ペーパーレス化、健康経営にメンタルヘルス、コスト削減など、さまざまな視点からオフィス環境改善に投資するのが良いでしょう。

24 「働き方改革」は人事部だけの仕事ではない

マイクロソフトの取り組みで、もっとも大きな成功要因を挙げるとしたら「点ではなく、面で展開している」ところではないでしょうか。

マイクロソフトの担当者は、改革を実施するにあたり2つの重要なポイントをあげています。それは「**トップが本気になっていること**」と、「**あらゆる側面からコラボレーションを促している**」という2点です。

ここで「あらゆる側面からコラボレーションを促している」の部分を考えていきましょう。まさに「点ではなく、面で展開する」の話です。

働き方を見える化する、ペーパーレス化を進める、リモート会議を増やす、残業時間を減らすなど、一つ一つの取り組みであれば、何かしら実施している企業は多いでしょう。

また、育休・産休の制度を見直す、フリーアドレスの導入、評価制度を刷新するなど、制度、しくみを積極的にアップデートしているところもあるでしょう。

しかし、そうした「点」の取り組みは、単体では上手く機能しないこともあります。

一つの部門、事業部など、単体で行っている取り組みは改善。部分的にはよくなるかもしれませんが、組織としての大きな変革にはつながりません。

一方、「働き方改革」「組織改革」など「改革」と呼ばれるものは、今までの枠組みを超えて、あるいは部門や事業部を超えたクロスファンクショナルな行動によって起こります。人事制度やＩＴのしくみ、マーケティング活動、採用活動、それぞれの部署が行っている業務内容、制度、習慣など、あらゆるものが連動して、初めて「改革」は実現します。

働き方改革では、とかく「時間削減」一辺倒になりがちで、現場の人たちは「人事部主導の取り組みでしょ」「経営陣から降りてきたから仕方ない」など、どこか他人事だと思っている発言もよく聞かれます。

意識が徹底されていないのも問題ですが、現場にしてみれば、ただ「時間削減」が叫ばれているだけで、実現するためのＩＴインフラの整備やムダな業務の見直し、コミュニケーションの効率化など、多角的かつ実効的な取り組みはほとんど行われていない。

そのような状況では改革は望めません。

組織間のコラボレーションを実現する

働き方改革を、人事部単位で推進するのではなく、情報システム部門と連携して「社内外の情報共有のしくみやシステム」を変える、総務部門と連携してフリーアドレスなど社内外のコラボレーションが起こりやすい職場環境に変える。

積極的に社内にＰＲして、社員の意識づけをする。

あるいは、社外にＰＲして、クライアントや取引先から「御社は、こんな改革をしているんだってね、すごいね」などの反応を得る。さらにそのような反応を現場にフィードバックすれば、社員の意識は変わり改革は進んでいきます。

このように、組織内の部門を超えたコラボレーションが組織の改革を中から後押しするのです。

改革のポイントは「何をやめるか」をまず決める

もう一つ大事なのが「立場間のコラボレーション」です。

立場が変われば、見えている景色も変わります。経営者が「これからはイノベーションが大事だ。そのためにはコラボレーションだ」と言っても、「こんな旧態依然とした固定化された職場環境ではイノベーションなんて起こらないよ」と冷ややかに思っている人も少なくないでしょう。

近距離の出張をするだけでも「書類が必要だ」「ハンコをもらわなければ、外出できない」などのしくみが足かせとなりイノベーションも、コラボレーションも夢物語……。

まずは、従来の慣習や仕組みをやめる。そこからコラボレーションしやすい環境に変えていく必要があります。

では、何から手を付ければいいのでしょうか。

もっともシンプルなのは「やらないことを決める」です。

訪問営業をやめる、多角化した事業をやめる、どのようなものでもいいので「やらないこと」を決めます。言い換えれば、これは「本来価値に集中する」ことと同じです。「自分たちの価値とは何か？」「どこで勝負して、どこで勝っていくのか」。これこそビジネスモデル変革のスタート地点です。

職場の科学

25 「部下のキャリア・マネジメント」は上司の仕事の一部

項目22でも述べた通り、マイクロソフトでは2週間に1度、上司と「1対1」のミーティングを実行しています。また、3か月に一度は「コネクト」と呼ばれるもう少し長いスパンで仕事の話をするミーティングが行われます。

最近では上司と部下の「1オン1」を実施する企業も増えているようですが、実際にはどのような話が行われているのでしょうか。進捗確認を目的に捉えている「1オン1」も多いことでしょう。

しかし、マイクロソフトでは「実際の数字がどうなっているのか」「プロジェクトの進行具合はどうなのか」などの話はそれほど多くはありません。

なぜなら、基本的に「数字」の情報はオープンになっているからです。

プロジェクトの進捗についても、原則として資料やデータは誰もがアクセスできますし、ビジネスチャットに上司が入っていれば、情報はその時点で共有できていますから、わざわざ確認する必要はありません。

その結果、「今の状況をどう改善していくのか」など建設的な話にフォーカスすることができます。情報共有の「1オン1」ではなく、その先の話をしているのです。

「上司やマネジャーの役割」が言語化されているか？

マイクロソフトの場合、上司と部下のミーティングでは「部下自身のキャリア・マネジメント」や「キャリア相談」も重要なテーマの一つです。

「マイクロソフトを辞めて、こんなキャリアを積んでいきたい」などの話でも、現職の上司と相談し、ディスカッションするのは珍しくありません。

部下のキャリア・マネジメント、キャリア相談、コーチングなどは「上司の仕事」として明確に規定されています。

「上司やマネジャーの役割」と聞くと、部下の仕事（特に数字）を管理することを意識する人も少なくないでしょう。しかし、それが本当に上司やマネジャーの役割でしょうか。「部下がやる気がない」「モチベーションが低い」と嘆く上司やリーダーもいますが、「部下のモチベーションを上げる」のは誰の役割でしょうか。

上司やマネジャーの役割とは何か。

あらゆる組織であらためて考え直し、言語化されなければならない部分です。たまたま、ここでは「上司やマネジャーの役割」について話していますが、どのような立場、どのような役職の人であれ、「自分たちの仕事は何か」「何が求められているのか」「果たさなくてはならない役割とは何か」が言語化されないまま、なんとなく仕事をしているケースは本当に多いです。

各自の仕事・役割が言語化されない限り、組織は有機的に機能することができません。

その役割を果たすために「どのようなスキルが必要なのか」「どのような人が選ばれる人なのか」「誰を採用し、どのような育成が必要なのか」が、一つの軸の中で決まってきます。

「個人のキャリア」に上司が関わるからこそモチベーションが上がる

話を「上司による部下のキャリア・マネジメント」に戻しましょう。

現代のビジネス環境において、上司は部下のキャリア・マネジメントに積極的に関わった方がよい。そのキャリアとは、「この会社を辞めた後のこと」も含みます。

「個人のキャリアについては、個人が考える問題」と思われがちですが、個人のキャリアと組織の発展は両輪です。

この組織で自分はどのような経験を積めるのか。

この上司の下でどのようなスキルを身につけ、どのような成長ができるのか。

こうした「キャリア」がしっかりと計画され、イメージが共有されていないと、個人の向かう方向性がブレます。

この職場ではこのようなスキルが求められていて、3年がんばれば、このような自分になれる。

そうしたキャリアパス（道筋）が見えるからこそ、目の前の仕事にも前向きになれるのです。

上司は、そうした部下のキャリアについても十分な対話を行い、キャリアプランのなかで「今の仕事」がどのような位置づけにあるのかを明確にする。

これからの時代に必要なマネジメントです。

26 現場のリーダーが変わらない限り、社内の価値観は変わらない

たとえば人事制度が変わったとき、多くの企業では人事部の担当者が、直接、あるいは社内ウェブなどを通して社員たちに説明します。

あるいは、社長が新しい方針や企業としてのバリュー、ミッションを打ち出したとき、同様に社内ウェブなどを通じて社員に発信されます。

現場は「また人事が面倒な制度変更をしたよ……」「トップは現場を何もわかってない」などネガティブにしか受け止めない。そのようなケースもよく見てきました。

マイクロソフトは、人事制度や評価制度の変更をどのように社内に浸透させているのでしょうか。

マイクロソフトでは次の3つのバリューを掲げています。

●リスペクト（Respect）
……他者の存在、考えや感情、バックグラウンドを尊重する

●インテグリティ（Integrity）
……正直で、倫理的でもあり、信頼に足る人物・組織であること

●アカウンタビリティ（Accountability）
……自分の意思決定や行動、それがもたらした結果に全責任を持つ

トップが示す「企業として大切にすること」を理解し、体現するのが社員の役割です。「企業として大切にすること」や価値観を現場に浸透させていくのは、現場のリーダーの役割です。人事制度や評価制度が変わったときも同様です。

「企業として、このような価値観を大事にしていく」「このような意味や目的を持って制度が刷新された」などの話は、担当部門ではなく、現場のリーダーが行います。

人事部門の担当者に聞くと「自分たちで説明してしまった方が楽だし、早いのはたしかです。しかし、現場のリーダー自身が『自分たちの人材状況は、今、こうなっている』『こんな課題がある』『大事にしたいのはこんなカルチャーだ』『だから、こういう変更が実施される』と語れば、現場への浸透度はまるで違ってきます。それを人事がやってしまうと、説明は的確かもしれませんが、やはり伝わりにくいです」と話していました。

「リーダーの役割」がはっきりしているからこそ「軸」ができる

ただし、「説明や浸透は現場のリーダーに任せる」と決めさえすれば、万事機能するわけではありません。

こうしたしくみを機能させるためにも、リーダーやマネジャーの資質、能力に関する見極めも十分かつ丁寧に実施し、時間をかけた研修も行います。

その研修も「何かを教えて、学んでもらう」ものではなく、自分たちで考え、ディスカッションを重ね、自らの言葉で「企業が目指す方向性」を現場に落とし込めるようになるよう、設計がなされています。

まさに「リーダーの役割とは何か」が明確になっており、「そのために必要な資質や能力」が決まり、一貫した人選や育成が行われている状態です。

現場のリーダーを徹底的にサポートしなければ機能しない

リーダー、マネジャーが「制度の変更」や「価値観の浸透」を担う。合理的なやり方です。規模の小さな中小企業であれば、ある程度までは社長が一手に担えますが、人が増えれば難しくなります。

それぞれの担当部門が説明するよりも、現場を知るリーダーが本質を理解し、自分の言葉でメンバーに伝えていく方が浸透度が高いのはうなずけます。

ただし、その役割を現場のリーダー、マネジャーが果たしていく際、やはり大事なのは「点ではなく、面」だと考えます。

トップが新しい方針を打ち出したとき、「後は、みんなに浸透させてください」と丸投げされても現場のリーダーは困ります。

だからこそ、たとえば広報部門が「会社の方針に則した行動」をしている社員や部門を広報誌や社内ウェブで積極的に紹介したり、それを企業のトップが評価している様子を伝えていくなどの活動が重要になってきます。ときに、それを社外に発表し、外から内へ、「会社が目指す姿」をPRするのも効果的です。

こうした活動や社内報などのツールが、現場のリーダーがメンバーに方針を浸透させる手助けをするのです。

採用や育成も同様です。

人を採用する時点で、「自組織のビジョンを体現できそうな人か？」「自組織のビジョンに共感して働ける人か？」を時間をかけて見極めていく。

ビジョナリーカンパニーと呼ばれる企業ほど、この「入り口」に時間をかけます。「主体性のある働き方」「自由な働き方」を許容している企業ほど、「入り口」でハードルを上げているのです。

サイボウズでは「サイボウズにどのような価値を提供できるか」「ビジョンに共感して

いるか」を採用段階でしっかり見ていると言いますし、グーグルでも「このメンバーときちんと協働できるのか」「グーグルらしさを体現できるか」を見極めていると言います。

育成についても同様で、企業としてどのような考え方で、どのような人材に成長してもらうことを目指して、どのような育成をしていくのか。その整合性が大切です。

27 リモートワークは福利厚生ではなく、「生産性向上の選択肢」

２０１６年5月1日より、日本マイクロソフトではリモートワークに関する勤務制度を図32のように改定しました。

上司・上長と合意をした範囲であれば、最大限に時間や場所にとらわれずにリモートワークを活用してＯＫ。週に何日とか、何時間とか、そのような規定はなく、やり方についても部署でそれぞれルールを決めればいい。そのような制度です。

これだけ聞くと、非常に自由で、社員に優しい企業だと思うかもしれません。そのイメージも間違いではありませんが、日本マイクロソフトの改革担当者や人事部門の担当

図32：日本マイクロソフトのリモートワーク勤務制度（テレワーク勤務制度）

	2016年5月1日より
勤務可能場所	日本国内で業務遂行に適切な場所
利用頻度	制限なし（最大週5日まで）
利用期間	制限なし（短期も可）
利用単位	1日の業務時間のうち必要なだけでも可
利用申請	ツール申請・承認不要 ※リモートワークの原則的な利用方法は事前に上長承認 ※効果的なコラボレーションにむけて各部門でルール設定
フレックス タイム	コアタイムなし

個人と組織のポテンシャルを最大限発揮できる環境づくり

注）メールフォーマットの申請がなしになったのは2017年7月1日の改定時から

者たちは口を揃えて「リモートワークは福利厚生ではありません」と言います。目標設定や期待する役割はまったく変わらず、とにかく生産性高く働くための選択肢を保証している。ただそれだけなのだと強調します。

もちろん、これは社員全員に認められた制度ですが、リモートワークを使うかどうかマネジャーと本人が事前にディスカッションをして、認めるかどうかが決まります。部署が変わったり、マネジャーが変われば、そこでまたディスカッションをします。

極端な話「リモートワークに切り替えたことで、あなたは十分なパフォーマンスが出せ

図33：日本マイクロソフトにおけるフレキシブルワークスタイルの位置づけ

福利厚生制度ではなく、会社が認める「働き方」の一つ

フレキシブルワークを希望する社員の適用が
適切かどうかは会社（マネジャー）が判断

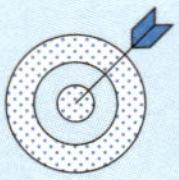

社員は自律性をもって業務を遂行。制度の適用は
コミットメント達成の期待値を変動させるものではない

ていないのでリモートワークは終了します」のような場合もあり得ます。

出社によって生産性が上がるのならば出社する。リモートワークで生産性が上がるならリモートワーク。まさに「選択肢と多様性を保証する」そのものです。

リモートワークが進んでいない企業ほど、ぜひこのシンプルな発想に立ち返ってみて欲しいと思います。出社するのが本当に生産性を向上させ、企業の価値を高めているなら、それでもいいと思います。

しかし、もっと多様な働き方を提供した方がより生産性が上がり、いい人材が集まり、企業の価値を高めるとしたら、その方向に舵を切った方がいいでしょう。

「キャリア権」の視点でリモートワークを考える

ここではもう一つ、「キャリア権」の視点でリモートワークを考えてみたいと思います。

キャリア権とは、自分自身がどういうキャリアを確立していくのか、あるいは、どこへ行っても主体的に自分のキャリアを形成できる権利。その権利が個人には保障されているとする考え方です。キャリア権の視点に立てば、人生100年時代、60歳を超えても、70歳を超えても、自分のキャリアは自分で構築していけます。

もともとは欧米発の考え方ですが、日本でも少しずつ広まってきています。

たとえば、子育て期間中のため、出勤してフルタイムで働けていない。しかし、オフィス以外での仕事が可能になれば、もっと活躍し、自身の思い描くキャリアを構築できる。そのような人は大勢いるはずです。

子育てしながら働く女性が、仕事と両立はできるものの、昇進や昇給が難しくなる状況を指して「マミートラック」と言います。

キャリア権の問題の一つです。

リモートワークが認められ、環境が整えば、さまざまな人たちのキャリア権を保障することができます。

新型コロナウィルスの問題でリモートワークを体験した人は多いでしょう。一過性の対処法とせず、企業や組織が本気で新しい働き方を取り入れていけるのか。きわめて大事な時期です。

マイクロソフトが言うように、企業は、働き方の多様性を認めればより生産性を高めるチャンスを得られます。「継続して働ける環境」は、安定的に労働力を確保し、個々人の高い能力を自社の事業に活用し続けられる状況を作り出します。

地方の企業や中小企業にとって、「いかにして人材を確保するか」は今後も向き合わざるを得ない課題です。「リモートワークが自社の経営課題の解決にどのように寄与するのか」を真剣に考えて欲しいと思います。

女性が働きやすい環境が整えば、優秀な女性を採用できる可能性が広がるでしょう。

場所にこだわらない仕事環境が整備されれば、都市部の人を採用したり、遠距離の人ともコラボレーションが可能になります。それだけ出会うことのできる人材の可能性と幅が広がるのです。

こうした取り組みは、地方の企業や中小企業にとっても非常に有利な経営戦略、人事戦略に成り得ます。

リモートワーク、ペーパーレス化の波に乗り遅れると「負け組」になる

新型コロナウィルスの問題で、都市部の企業、特に大企業はリモートワークを否応なく体験しました。その経験により、「仕事はどこでもできるよね」「場所に囚われない方がコラボレーションしやすいよね」「時間効率は高いよね」などさまざまな気づきを得ました。こうした気づきを得た都市部の企業や大企業（かつオープンな企業）は、働き方を進化させていくことでしょう。

一方、地方の企業や中小企業で、こうした体験をしなかった企業は、従来の働き方を

悪気なく続けてしまいます。

その結果、都市部や大企業との働き方の格差が広がります。

優秀な人材は、東京を中心とした都市部により集まります。東京へ行かずとも、地方に住んだまま、地方の企業では働かず、リモートで東京の企業で働く。そのようなスタイルも含め、都市部や大企業との人材格差が間違いなく広がるでしょう。

この先、リモートワークやそれに付随するペーパーレス化は確実に進んでいきます。その波に乗り遅れると、企業力格差が広がり、負け組になってしまいます。

リモートワークは単なる福利厚生ではありません。企業が優秀な人材を集め、組織としての価値やブランドを高めていくために必要な経営戦略の一つなのです。

職場の科学

28

制度を整えるより「罪悪感なく子どもを迎えに行ける空気」を作る

日本マイクロソフトの取り組みのなかで、「子育て中の人が働きやすいように託児所を作ってみようか」というアイデアが浮上したそうです。

実施をする前に、該当する社員にヒアリングしたところ、「もちろんそれはありがたい。でも、今でも子どもを預けて、働きに来られている。むしろ、罪悪感なく子どもを迎えに行ける環境が欲しい」との声が聞かれたそうです。

改革担当者は問題の本質に気づいたと言います。

たとえば、4時に会社を出ようとする際、どうしても周りに気を遣い、上司には「いいですか？」と尋ねて出て行かなければなりません。会議があっても、時間になれば出て行くのですが、申し訳ないというような罪悪感がある。

託児所ができれば、たしかに便利ではあるけれど、むしろ「いつ迎えに行ってもいい空気」が社内にある方がずっとありがたい。

そのため日本マイクロソフトでは、コアタイムの規定、概念そのものを取っ払いました。原則として、決まった時間の枠組みはなく、全員が自分の働き方を自由に選択する。

この考え方になると、「これがベースの労働時間」「これは逸脱した働き方」の区別はなくなります。全員が自分の働き方を、自分で選ぶ。それが「ワークライフチョイス」の考え方です。

日本マイクロソフトでは「ワークライフチョイス チャレンジ」と銘打って、さまざまな取り組みをしてきました。「週勤4日週休3日」もその一つ。

この取り組みの根底にあるのは、それぞれが自分に適した働き方を選び、最高のパフォーマンスを発揮し、常に成長し続けていくこと。

また、制度を整える一方で、どうしたら「職場の空気」を変えていけるか。

その両輪をとても大事にしています。

何よりもまず上司自身が制度を使う！

制度、ルール、しくみが不十分なところは、その整備を進める必要があります。それを踏まえた上で、どのように社内の空気を醸成していくのか。

まず大事なのは、上司自身が制度を目一杯活用する姿勢です。時短勤務にしろ、育児休業にしろ、リモートワークにしろ、さまざまな制度があるなら上司がどんどん使っていく。これが最も説得力があります。

制度は会社のメッセージです。そのメッセージを受け取り、体現していくのは上司の重要な役割の一つです。

もし、上司自身が実践できない場合は「実践している人」「活用している人」に光を当てます。積極的に活用している人を紹介し、「〇〇さんのように、どんどん活用して、自分なりの働き方を実践してください」とのメッセージを頻繁に発していく。

職場として「それがいい働き方なんだ」と伝播させていくのです。

さらに、自分の部署に実践している人がいなければ、隣の部署でも、他部署でも、どこかで実践しているケースを取り上げ、承認していきます。

これは現場の上司の仕事ではなく、広報部門の仕事かもしれません。

社内報や社内ウェブを使って、積極的に事例を紹介、承認していく。

その際に、社長のコメントも一緒に載せれば、組織のトップが承認し、推奨している様子が広く伝わります。「その人の行動」に会社が『いいね』をしているのです。

もちろん、それで社内全体の空気が一気に変わるわけではありません。

しかし、これら広報活動によって社長やそれに賛同する部門長の動きが徐々に広がってくれば、意識の低いリーダー、マネジャーはだんだんと肩身が狭くなってきます。そのように社内の景色は少しずつ変わっていくのです。

この項目では「子どもを迎えに行く話」「子育て中の人」の話をしましたが、何も子育てに限りません。自分自身が通院のために早く帰る人もいるでしょうし、勉強会やセミナーに参加したい人もいるはずです。

そうした人たちの行動も、社内に紹介し、承認していきます。

「ウチの会社では、こういう行動は良しとされるんだ」。そのような空気が醸成され、やがて文化となっていきます。

日本の企業もインターナルコミュニケーションに力を入れ始めている

社内報や社内ウェブなど、いわゆるインターナルコミュニケーションは近年特に注目されている領域です。

2020年2月には、NHKが朝のニュース番組で社内報の特集を組み放送しました。月刊誌『広報会議』の調査によると、社内報を始めとした「社内向けメディア」に対する投資は近年増加傾向にあります。

社内コミュニケーション、「情報や意識の共有」に力を入れる企業は確実に増えているのです。

ここ数年の世の中の動向を見ていると、必然の流れであると捉えられます。

2015年に起こった電通新入女性社員の過労自殺の頃から、「働き方改革」は一気に時代のキーワードとなりました。多くの企業は「長時間労働抑制」を掲げ、労働時間の削減、休暇取得推進などを強化しました。

やがて、経営者は疑問に思い始めます。「労働時間は減ったが、本当に生産性は上がっているのか？」すなわち、「生産性」が次なるマネジメントのキーワードになったのです。

働く側、すなわち被雇用者にしてみても、「無理矢理早く帰されるけど、仕事は全然終わってない！」「時間短縮のせいで、プロとしてなかなか成長できない」「残業代を削られて、生活が苦しくなった」などの疑問を持ち始めます。

企業組織は生産性および、働く人のモチベーションやエンゲージメントを高める必要に迫られます。モチベーションの向上を図り、人と人の出会いで化学反応を誘発し、新しいチャレンジや仕事のやりがいにつなげていく。

そのスパイラルを生むためには、インターナルコミュニケーションが欠かせません。組織のビジョンやミッションを社内に発信する。時に、社員の声を代弁する。さらには社内の人と人、知識と知識をつなげる。

人と人がつながればよりイノベーションは起こりやすくなり、結果的に生産性の向上にも寄与します。また、組織としての一体感を生んだり、その会社で働く意味や価値の再確認にもなります。

近年は、リモートワークが進み、同じ空間を共有する機会も減りました。そのような状況で、いかにマネジメントを機能させていくのか。チームビルディングをしていくのか。

新たな局面でのインターナルコミュニケーションの重要性は、ますます高まっています。

Special Thanks

Atsushi Oyaizu

Chikara Teshima

Katsuyoshi Sugita

Kazunori Ishii

Kazushi Okabe

Kenji Sakai

Kizuku Yamamoto

Kumiko Tezuka

Madoka Hagino

Masanori Kanazawa

Niki Matsumura

Risa Sakamoto

Sakura Ikegami

Shigeo Tatsumi

Shohei Ichisaka

Yui Takishima

日本マイクロソフト働き方改革推進チーム
Microsoft Japan Workstyle Innovation Team

働き方改革（ワークスタイル イノベーション）を経営戦略の中核に位置付けている日本マイクロソフトにおいて、日本のお客様の働き方改革推進をご支援するために、自社実践の企画・運営・効果測定やカルチャーの醸成などを行い、そこから得られたデータや知見、経験を社員やメディアを通じてお客様にご紹介していく部門横断型のチーム。営業、マーケティング、技術支援、人事、広報などの担当者で構成されている。昨年夏に実施した「週勤4日週休3日」を柱とする自社実践プロジェクト「ワークライフチョイス チャレンジ2019 夏」はとくに大きな話題となった。

沢渡あまね

あまねキャリア工房 代表。株式会社NOKIOO顧問、株式会社なないろのはな取締役、ワークフロー総研（株式会社エイトレッド）フェロー。日産自動車、NTTデータ、大手製薬会社などを経て2014年秋より現業。経験職種は、ITと広報（情報システム部門／ネットワークソリューション事業部門／インターナルコミュニケーション）。作家、業務プロセス／オフィスコミュニケーション改善士。300以上の企業／自治体／官公庁などで、働き方改革、マネジメント改革、業務プロセス改善の支援・講演・執筆・メディア出演を行う。著書『仕事ごっこ』『職場の問題地図』『マネージャーの問題地図』ほか多数。趣味はダムめぐり。

職場《しょくば》の科学《かがく》

日本《にほん》マイクロソフト働《はたら》き方《かた》改革《かいかく》推進《すいしん》チーム×業務《ぎょうむ》改善《かいぜん》士《し》が読《よ》み解《と》く「成果《せいか》が上《あ》がる働《はたら》き方《かた》」

２０２０年８月30日　第１刷発行

著　者　沢《さわ》渡《たり》あまね

発行者　島田真
発行所　株式会社 文藝春秋
〒１０２－８００８
東京都千代田区紀尾井町３－23
電話　０３－３２６５－１２１１（代表）

印刷所　精興社
製本所　加藤製本

ISBN978-4-16-391237-0

ブックデザイン
三森健太（ＪＵＮＧＬＥ）
ＤＴＰ＋図版制作
岸和泉